CUDDWAS

I'm hwyrion,
Osian, Esyllt, Gwyn ac Angharad

CUDDWAS

GARETH MILES

y Lolfa

Dymuna'r awdur ddiolch i'r newyddiadurwr Solomon Hughes am adael iddo fanteisio ar ei ymchwil i weithgareddau heddluoedd cudd y Wladwriaeth Brydeinig ac i olygydd y *Morning Star* am ei ganiatâd caredig i addasu erthyglau o'r papur hwnnw.

Argraffiad cyntaf: 2015
© Hawlfraint Gareth Miles a'r Lolfa Cyf., 2015

*Dychmygol yw cymeriadau a digwyddiadau'r nofel hon,
a chyd-ddigwyddiad llwyr yw unrhyw debygrwydd rhyngddynt
a phobl neu ddigwyddiadau go-iawn*

Cynllun y clawr: Sion Ilar
Llun y clawr: Iolo Penri

Rhif Llyfr Rhyngwladol: 978 1 78461 205 4

Dymuna'r cyhoeddwyr gydnabod cymorth ariannol
Cyngor Llyfrau Cymru

Cyhoeddwyd ac argraffwyd yng Nghymru
ar bapur o goedwigoedd cynaladwy gan
Y Lolfa Cyf., Talybont, Ceredigion SY24 5HE
e-bost ylolfa@ylolfa.com
gwefan www.ylolfa.com
ffôn 01970 832 304
ffacs 01970 832 782

Clust fab Clustfeiniad, pe'i cleddid saith gwryd yn y ddaear fe glywai forgrugyn ddeng milltir a deugain i ffwrdd pan godai oddi ar ei lwth yn y bore.

Culhwch ac Olwen

Intimate relationships with political activists undoubtedly gave covert officers superb cover. But it was also their Achilles' heel. To put it harshly, there was always the tricky question of what to do with their girlfriends when their time in the field came to an end... The 'betrayal and humiliation' she experienced was 'beyond any normal experience... This is not just about a lying boyfriend or a boyfriend who has cheated on you. It's about a fictional character who was created by the state and funded by taxpayers' money.'

Undercover: The True Story of Britain's Secret Police
gan Rob Evans a Paul Lewis (Faber & Faber/Guardian Books)

Pen-y-waun

'HELO. CEMLYN EVANS...'
'Cadeirydd y Crwydriaid Coch a Gwyrdd?'

'Ia. Pwy sy'n holi?'

'Alun Griffiths yw'n enw i, Cemlyn, a'r rheswm fi'n ffono yw i fi ddarllen 'ych erthygl chi am y Crwydriaid Coch a Gwyrdd yn *Eco'r Wyddfa*. Diddorol iawn, os ca i weud.'

'Diolch yn fawr, Alun.'

'Fi'n gweld bod taith gerdded 'da chi ddydd Sadwrn? I Nant Gwrtheyrn a Thre'r Ceiri?'

'Oes. Sgin ti ffansi dŵad hefo ni?'

''Na pam fi'n ffono, Cemlyn.'

'Ma ichdi groeso, Alun.'

'Deg o'r gloch ym maes parcio Canolfan Nant Gwrtheyrn?'

'Ia. Fuost ti yn y Nant erioed?'

'Naddo.'

'Be am Dre'r Ceiri?'

'Ddim ariôd. Sowthyn odw i, chi'n gweld.'

'O'n i'n ama! O le'n union, Alun?'

'Ges i 'ngeni a'n fagu yng Nghwm Cynon.'

'Mi oedd 'na rywun o'r ardal honno yn coleg hefo fi. Trio cofio...'

'Ma sbel 'ddar i fi madel. Sbel fowr.'

'Lle wyt ti'n byw rŵan?'

'Pen-y-waun. Ar bwys Llanberis. Tyddyn Adda yw enw'r tŷ.'

'Wn i lle wyt ti. Dydan ni, 'ngwraig Eirlys a fi, ddim yn byw yn rhy bell orwthach chdi.'

'Chi'n byw ym Mhen-y-waun?'

'Nagdan. Bryn-y-grug.'

'Fi'n gwbod ble ma fe.'

'Clyw, be tasan ni'n picio i dy nôl di fora Sadwrn? Tua chwartar wedi naw?'

'Chi'n siŵr?'

'Berffaith siŵr.'

'Bydde 'na'n ffantastig.'

'Dim problem o gwbwl, Alun. Welwn ni chdi fora Sadwrn.'

'Fi'n disgwl mla'n.'

'A finna. Hwyl ichdi.'

'Hwyl fawr, Cemlyn.'

Radur a Rugby

H WYRACH Y BUASAI rhawd Elwyn Lloyd-Williams wedi bod yn wahanol oni bai am ymyrraeth Dr Hugo Walters.

Derbyniodd Elwyn ei addysg gynradd yn ysgol ddwyieithog Gwaelod-y-garth (1974–1980), rhyw ddwy filltir o'i gartref, a'i addysg uwchradd, tan y chweched dosbarth (1980–1985), yn Ysgol Gyfun Rhydfelen, oedd ychydig filltiroedd tua'r gogledd. Ymhlith ei gyd-ddisgyblion yn Rhydfelen roedd plant i farnwyr, bargyfreithwyr, meddygon, ffermwyr, athrawon, artisaniaid, gweithwyr ffatri, labrwyr a'r di-waith. Ei ddau ffrind pennaf oedd Byron Darbishire, y bu ei dad yn löwr tan ddechrau'r wythdegau ac wedyn yn *forklift truck operator* mewn ffatri baent ar Stad Ddiwydiannol Trefforest, a Kevin Macarthy, â'i fam sengl yn gweithio mewn cartref hen bobol yng Nghilfynydd. Bu naws ddemocrataidd Rhydfelen o fudd proffesiynol i Elwyn, maes o law, gan y teimlai'n gartrefol mewn ystod eang o gylchoedd cymdeithasol. Ategwyd hynny gan ei ddawn i ddynwared. Erbyn iddo gyrraedd ei arddegau roedd yr un mor rhugl mewn Cymraeg dosbarth canol y De, y Rhydfeleneg a Saesneg y Cymoedd ag ydoedd yn nhafodiaith ei rieni a'i dylwyth yn Sir Fôn.

Yn sgil ymweliadau teuluol â'r Fam Ynys o leiaf deirgwaith y flwyddyn, meistrolodd y Wyndodeg, rhag cael ei blagio fel 'Yr Hwntw Mawr' gan gefndryd a chyfnitherod. Plesiai hynny ei rieni ond dilornid ef gan Idris a Siwan, ei frawd a'i chwaer iau, am iselhau ei hun drwy siarad 'iaith y Gog'. Ffieiddient at ei hoffter barbaraidd o saethu cwningod yng nghwmni Taid Corlas, gan lwyr ymwrthod â chig y lladdedigion diniwed.

Achlysuron llai cynhennus, at ei gilydd, oedd y gwyliau carafán yn Llydaw, Ffrainc a'r Eisteddfod Genedlaethol. Y rhai mwyaf cofiadwy, am resymau positif, oedd dwy bythefnos mewn *villa* moethus yn Marbella gyda theulu o Gasnewydd yr oedd y rhieni yn llawfeddygon yn Ysbyty Brenhinol Gwent.

I ran Elwyn, fel pob disgybl arall ym mhob ysgol Gymraeg, daeth cyfleoedd di-rif i fynegi ei hun yn greadigol ar lafar ac yn ysgrifenedig, sgiliau y byddai'n gwneud defnydd helaeth ohonynt fel oedolyn.

Dymunai Ednyfed Lloyd-Williams i'w fab fynychu Ysgol Glantaf – fel y gwnaeth Idris a Siwan yn ddiweddarach – 'i fod efo pobl ifainc uchelgeisiol a chystadleuol o'r un cefndir Cymraeg a Chymreig â fo yn hytrach na rafins y Rhondda', ond ni lwyddodd, ar y pryd, i oresgyn teyrngarwch ei wraig, Heulwen, i Rydfelen, lle yr aethai hi, ar ôl gadael Coleg Prifysgol Cymru, Caerdydd, i ddysgu Cymraeg ac Astudiaethau Clasurol. Yn gyfnewid am y fuddugoliaeth honno, fodd bynnag, gorfu iddi ildio i awydd ei gŵr i weld Elwyn yn derbyn ei addysg uwchradd ôl-Lefel O yn 'un o ysgolion bonedd gora Lloegr', cyn mynd ymlaen i goleg yn Rhydychen neu Gaergrawnt.

Roedd y penteulu wrthi'n ddygn gydol yr wythdegau yn creu consortiwm o fentrau a chwmnïau yn y sector ariannol a chyfryngol a fyddai, yn y man, yn rym gwirioneddol ym mywyd economaidd y brifddinas, Cymru a thu hwnt; deisyfai i'w fab cyntaf-anedig gael yr addysg a'r hyfforddiant a'i gwnâi'n ddirprwy ac yna'n olynydd teilwng iddo ef ei hun. Disgwyliai Ednyfed Lloyd-Williams i Elwyn esgyn i entrychion y byd busnes gan y byddai'n dechrau ar ei yrfa entrepreneuraidd o fan cychwyn tipyn mwy manteisiol na'i dad, nad ydoedd ond mab i yrrwr bysys o Lanfaethlu.

Efallai y buasai'r uchelgais honno wedi ei gwireddu petai Ednyfed a Heulwen heb daro ar Dr Hugo Walters, Cyfarwyddwr Astudiaethau Celfyddydol Ysgol Rugby, mewn swper i gwmni dethol yn y Coleg Cerdd a Drama Brenhinol yng Nghaerdydd, yn dilyn darlith-berfformiad o *Diabelli Variations* Beethoven gan y pianydd Bedwyr Hughes.

Gŵr dibriod llyfn ei dafod a'i ymarweddiad oedd Dr Walters, a mab i löwr duwiol o Rydaman. Er nad oedd ef ei hun yn grediniwr, parchai ac edmygai ffydd seml ei rieni. Arddelai, gyda balchder, eu Rhyddfrydiaeth geidwadol a'u gwladgarwch Cymreig a Phrydeinig. Trosglwyddai'r byd-olwg a'r gwerthoedd a ddeilliai o'r dreftadaeth honno i Gymry ifainc fel Elwyn Lloyd-Williams a ddeuai dan ei ddylanwad hynaws yn yr ysgol fonedd fyd-enwog, a chynorthwyai hwy i oresgyn croestyniadau a allasai fod wedi eu troi'n genedlaetholwyr Cymreig neu'n Brydeinwyr gwrth-Gymreig.

Yn gwrtais a diymffrost yr atebodd Dr Walters gwestiynau Mr a Mrs Lloyd-Williams ynglŷn â'r sefydliad a'i cyflogai, gan gyfeirio'n gynnil at y ffaith mai am draethawd ar ddylanwad chwedloniaeth Iwerddon ar y Mabinogi yr enillasai ei ddoethuriaeth. Datganodd ei barodrwydd i warchod Cymreictod Elwyn 'yng ngwlad y Saeson' ac i oruchwylio ei waith ar gyfer arholiad Lefel A yn y Gymraeg – pwnc cryfaf y llanc – pe dymunid hynny.

Lliniarwyd gwrthwynebiad Heulwen Lloyd-Williams gan warineb Dr Hugo Walters a'i sêl dros y Gymraeg, eithr nid yn llwyr. 'Be sydd o'i le efo Coleg Llanymddyfri, Ed?' holodd wrth iddi hi a'i gŵr drafod y sgwrs ar ôl cyrraedd adref.

'Efelychiad tila o minor English public school,' atebodd ei gŵr. 'Why settle for a cheap imitation when you can afford the best?'

Cyfiawnhâi Ednyfed Lloyd-Williams yn huawdl 'fy mhenderfyniad i a Heulwen i symud yr hogyn o Rydfelen i Rugby. Dydw i ddim yn meddwl y medar neb fy nghyhuddo i o beidio â bod yn gefnogol i addysg Gymraeg. Mae'r hogyn wedi cael 90 y cant o'i addysg mewn ysgolion Cymraeg a thrwy'r

Gymraeg, a Duw a ŵyr faint rydw i wedi ymgyrchu, pwyllgora a gorymdeithio, hyd yn oed, heb sôn am dreio dal pen rheswm efo cynghorwyr Llafur dwl fyddai o flaen eu gwell tasan nhw'n meiddio siarad am bobol dduon fel y g'nân nhw am Gymry Cymraeg. Nid i neud Elwyn yn Sais rydw i'n ei anfon o yno. I'r gwrthwynab yn hollol. Er mwyn ei neud o'n fwy o Gymro ac mor hyderus yn ei Gymreictod ag mae Saeson ifainc diwylliedig yn eu Seisnigrwydd. Rydw i isio iddo fo gael gwarad o'r inferiority complex Cymreig melltigedig sy'n peri inni feio'r "blydi Saeson" am bob dim sy'n mynd o'i le yn 'yn gwlad ni ac i'w hofni nhw'r un pryd. Rydw i am i Elwyn deimlo ei fod o lawn cystal â'i gyd-ddisgyblion, ac yn well na llawar am ei fod o'n ddwyieithog.'

Buasai Elwyn wrth ei fodd yn Rhydfelen, lle'r oedd ei natur echblyg, lawen, a'i ddawn ar lwyfan a maes chwarae wedi ei wneud yn boblogaidd gan blant ac athrawon. Serch hynny, ar ôl ymweld â Rugby gyda'i rieni, ymgomio â disgyblion ac athrawon cyfeillgar, rhyfeddu at y cyfleusterau a gynigiai'r ysgol fonedd oludog ar gyfer astudio, chwaraeon ac adloniant, a'u cymharu â'r hyn a gynigiai ei ysgol gyfun Gymraeg dlodaidd a di-raen, gadawodd honno'n llawen ddiwedd tymor yr haf 1985.

Rhwng Medi 1985 ac Ebrill 1987, boddhawyd rhieni ac athrawon Elwyn gan ei ymroddiad i'w waith academaidd a'i gyfraniad i fywyd yr ysgol mewn sawl maes, yn enwedig y gamp a ddyfeisiwyd yno, yn ôl y chwedl. Roedd yn ganolwr cydnerth a chyflym, fel ei arwr, Ray Gravell. Chwaraeodd i'r ail XV yn ei flwyddyn gyntaf ac i'r XV cyntaf yn yr ail. Y flwyddyn honno disgleiriodd hefyd fel Owen Glendower yng nghynhyrchiad yr Adran Ddrama o *Henry IV, Part 1* a gyfarwyddwyd gan Dr Walters.

'Gallwch chi dynnu'r crwt mas o'r Cymoedd ond allwch chi ddim tynnu'r Cymoedd mas o'r crwt' medd yr hen ddihareb. Fyddai neb yr ochr yma i Bont Hafren yn dweud bod Radur yn y Cymoedd, ond mae'n nes atynt nag yw Rugby, ac yn ystod ei bum mlynedd yn Rhydfelen, er mawr ofid i'w dad, trochwyd Elwyn yn 'Ysbryd y Cymoedd'.

Heblaw am gyhuddiadau cellweirus ei fod yn 'posh' ac yn 'typical English public schoolboy', nid effeithiodd y newid ysgol ddim ar berthynas Elwyn â'i gyfeillion yn Rhydfelen. Yn ystod y gwyliau mynychai dafarndai a chlybiau Pontypridd, Rhondda a Chaerdydd o leiaf unwaith yr wythnos gyda Byron Darbishire, Kevin Macarthy a'i gefnder, Gerwyn Southall o Nelson. Enynnai eu cenfigen a'u hedmygedd wrth sôn am hoffterau rhywiol 'posh totty' Rugby.

Tân ar groen tenau Ednyfed Lloyd-Williams oedd y ffaith fod ei fab yn 'dal i gyboli efo'r hen griw yna', ond achubai Heulwen gam ei mab gyda geiriau fel 'Ma hi'n bwysig iddo fo gofio am ei wreiddia, Ed.'

'Digon gwir, 'nghariad i,' cytunai ei gŵr. 'A chofio hefyd mai yn naear Môn ma rheini, ac nid yn nhomenni slag y Sowth.'

Rhybuddiai Ednyfed ei fab rhag cael ei arwain ar gyfeiliorn gan ei gefnder, Gerwyn, ac 'andwyo dy jansys di o ddŵad yn dy flaen'. Nid oedd ganddo lawer o feddwl chwaith o rieni'r llanc, sef Nerys, chwaer iau Heulwen, a'i gŵr, Grant Southall, ill dau'n athrawon ysgol gynradd. Gallai faddau hynny iddynt, a'r ffaith mai dysgwr oedd Grant, ond nid y ffaith ei fod yn Bleidiwr asgell chwith 'eithafol' a froliai gampau ei gomiwnydd o daid yn Rhyfel Cartref Sbaen wrth bobol hollol anwleidyddol ar yr achlysuron prin pan wahoddid ef a Nerys i barti neu swper yn y Pinwydd, Heol Sandringham, Radur.

'Paid â rhoid gormod o goel ar be glywi di gin dy Yncl Grant!' fyddai ymateb Ednyfed pan soniai ei fab wrtho am drafodaeth neu ddadl rhyngddo ef a'i ewythr. 'Cenfigan sy wrth wraidd ei bolitics o a'i debyg.'

Cyfrannai Ednyfed Lloyd-Williams yn hael ac yn ddienw i'r Blaid Geidwadol ac i Blaid Cymru. Disgrifiai ei hun fel 'Christian Democrat fel sydd i'w cael yn yr Almaen a gwledydd tebyg, parti sy'n credu mewn cyfalafiaeth gyfrifol a chydwybodol a solidariti cymdeithasol'.

Cyfrannai Heulwen i Blaid Cymru, heb gelu ei theyrngarwch. Byddai'n dosbarthu taflenni etholiadol yn Llandaf a'r Eglwys Newydd ond, ar gais ei gŵr, fyth yn Radur. Cynorthwyai Elwyn ymgyrchoedd ei fam o bryd i'w gilydd ac fe'i gwobrwyid â rhagor o arian poced.

Streic y Glowyr 1984–1985 oedd yr unig achlysur i esgor ar ddadlau gwleidyddol yn y Pinwydd.

Dan ddylanwad ei gefnder Gerwyn a chyfoedion eraill, plastrodd Elwyn ei fag a'i lyfrau ysgol â sticeri 'Coal not Dole' a pharwydydd ei lofft â phosteri ymfflamychol y Socialist Workers Party a sectau Trotsgïaidd eraill.

Ni fennai brwdfrydedd 'chwyldroadol' Elwyn ddim ar Ednyfed, a blagiai ei fab drwy ddarogan methiant anorfod y Streic.

'Mae Mrs Thatcher a'i chefnogwyr wedi paratoi ar gyfar hyn ers blynyddoedd,' meddai pan gyhoeddodd Elwyn ei fwriad i fynd gyda'i gefnder a'i ewythr i rali fawr yng Ngerddi Soffia. 'Dyna pam mae eu hamcanion strategol a thactegol nhw yn fwy effeithiol na rhei Scargill. Maen nhw'n fwy unedig na'r Chwith a'r undeba llafur. Efalla y bydda gan Scargill obaith petai Rhyfal y Falklands heb ddigwydd ond mae Mrs T wedi ca'l blas ar waed a wnaiff neb na dim atal ei buddugoliaeth hi.'

'Dydi hynny ddim yn iawn!' protestiodd Elwyn. 'Mae'n hollol anghyfiawn!'

'Sut medri di fod mor sinicaidd, Ed?' holodd ei wraig.

'Gwynebu ffeithia ydw i, 'nghariad i, nid bod yn sinicaidd,' oedd ateb y penteulu. 'Mae 'na filoedd yn meddwl yr un fath â chi'ch dau ond "trechaf treisied, gwannaf gwaedded" ydi hi mewn gwleidyddiaeth pan fydd y stakes mor uchal.'

Fel llawer iawn o'i gyfoedion o bob lliw a llun, iaith a dosbarth cymdeithasol, gwnâi Elwyn Lloyd-Williams ddefnydd achlysurol o gyffuriau adloniadol; *marijuana*, yn bennaf, yn ei achos ef a'i ffrindiau, am fod un o ffermydd *marijuana* cyntaf y De ym mhentref Nelson, nid nepell o gartref ei gefnder – er, diau y buasai wedi tramgwyddo heb ddylanwad Gerwyn.

Âi Elwyn â chyflenwad o'r deiliach yn ôl gydag ef i Rugby a'i rannu ymhlith y cyfeillion y gallai ymddiried ynddynt. Tybiai mai un felly oedd Toby Watts-Simms, mab yr AS Torïaidd Mark Watts-Simms, ond pan lewygodd hwnnw yn ystod y gwasanaeth boreol wedi sesiwn o sbliffio dygn cyn brecwast a beio ei ddeliwr o Gymro am ei gyflwr, dedfrydwyd Elwyn i ddiarddeliad.

Roedd Ednyfed Lloyd-Williams yn gynddeiriog ac yn beio 'rafins Rhydfelen' am wireddu ei bryderon. 'Fydda hyn ddim wedi digwydd taswn i wedi ca'l 'yn ffor a'i anfon o i ysgol iawn pan oedd o'n unorddeg!' rhuodd ar ei wraig yn ystod y siwrnai ddiflas o Rugby i Radur.

'Na tasat ti heb fynnu'i yrru o i sefydliad mor Seisnig a snobyddlyd!' ebe hithau.

'Yn Rhydfelen y dechreuodd ei yrfa fo fel jynci a dealer!' taranodd y penteulu lloerig.

'Ma'n ddrwg gen i, Dad,' ymddiheurodd y mab afradlon o sedd gefn y Volvo, gan lefaru'n fwy ffurfiol a gogleddol nag arfer mewn ymgais ofer i liniaru dicter ei dad. 'Os bydd hyn o unrhyw gysur ichi, rydw i wedi gorffen 'da'r sdwff 'na am byth.'

''Swn i'n gobeithio hynny, myn diawl!' arthiodd ei dad, a dyna un o'r ychydig droeon i Elwyn ei glywed yn rhegi. 'Mi wyt ti'n lwcus ar y naw o ddŵad o'no heb police record. Ac i Dr Walters ma'r diolch am hynny.'

'A'r ffaith fod yr ysgol a'r rhieni crachaidd am gadw'u "henw da"', ebe'r fam.

Caniatawyd i Elwyn ddychwelyd i'r ysgol i sefyll ei arholiadau Lefel A, a chan mai ar ddechrau tymor yr haf y cyflawnwyd y drosedd nid effeithiodd y gosb ar ei ganlyniadau arholiad – A yn Economeg a Chymraeg a B yn Mathemateg – ond gwrthododd y prifathro roddi tystlythyr a chefnogi ei gais am le yn un o golegau Rhydychen a bu raid iddo ef a'i dad fodloni ar Abertawe, 'lle medrwn ni gadw golwg arnat ti, washi!'

Ychydig o Gymraeg a fu rhwng y ddau yn ystod haf 1987 ac eithrio sylwadau beirniadol gan y naill ac ebychiadau arddegol, swrth gan y llall.

Defnyddid amryw ansoddeiriau i ddisgrifio Ednyfed Lloyd-Williams gan gydnabod, cyfeillion a gelynion: dygn, hirben, styfnig, cydwybodol, parchus, hael, llygad-y-geiniog, diwylliedig, snobyddlyd, gwlatgar, ceidwadol (efo 'c' fach)... Dim ond ei wraig a rhai aelodau agos o'i deulu fuasai'n ychwanegu 'rhamantus' at y rhestr, ond pa air arall all gyfleu meddylfryd llanc a ymfudodd o Fôn i Gaerdydd yn 1963 er mwyn cael bod o fewn cyrraedd hwylus i'w gariad pan aeth hi yno'n fyfyrwraig ac a oresgynnodd ragfarnau ei theulu cefnog, a dybiai nad oedd llanc a hanai o'r 'werin datws' yn deilwng o'u merch?

Meddai Ednyfed ar gymwysterau academaidd a fuasai wedi ei alluogi yntau i wneud yr un modd â Heulwen, ond nid heb osod baich ariannol drom ar ysgwyddau ei rieni, â tri o blant iau ar yr aelwyd.

Cafodd swydd fel clerc cyfrifon mewn ffatri cydrannau ceir a oedd newydd ei sefydlu ar stad ddiwydiannol ger Llantrisant. Mynychodd ddosbarthiadau nos yng Ngholeg Politechnig Pontypridd, gan astudio am radd allanol Prifysgol Llundain mewn Cyfrifyddeg. Tyfodd ei gyfrifoldebau gyda'r busnes ac yn 1968, gyda chymeradwyaeth a chefnogaeth ei gyflogwyr, sefydlodd ei fenter gyfrifyddol ei hun. Erbyn geni ei fab cyntaf yn 1969, roedd yn gadeirydd ac yn brif gyfranddalwr Ednyfed Lloyd-Williams & Co, Chartered Accountants/Cyfrifyddion Siartredig ac ELW Investment Advisers/Ymgynghorwyr Buddsoddiadau.

Ganol y saithdegau gadawodd Ednyfed a Heulwen a'u tri phlentyn eu bynglo yn Rhiwbeina ac ymgartrefu yn y Pinwydd ('Pine Court' gynt), Radur – tŷ nobl, brics coch, pum llofft, Fictoraidd a gydweddai'n well â'u gofynion teuluol a'u safle gymdeithasol.

Bob Sul, fel arfer, mynychai'r rhieni oedfa'r bore a'r plant yr Ysgol Sul yng Nghapel Heol y Crwys, Caerdydd, lle codwyd Ednyfed yn flaenor yn 1985, ac roedd llawer o weithgareddau cymdeithasol a diwylliannol y teulu yn gysylltiedig â'r capel.

Ymhlith y sefydliadau a'r cymdeithasau eraill a gefnogent roedd cymdeithasau rhieni ysgolion Gwaelod-y-garth a Rhydfelen, Cylch Cinio Caerdydd, Merched y Wawr a'r Eisteddfod Genedlaethol ac Eisteddfod yr Urdd pan ymwelent â'r brifddinas. Yn achlysurol, yn sgil aelodaeth Ednyfed o fyrddau sefydliadau fel y Cwmni Opera Cenedlaethol, BBC Cymru, S4C, yr Amgueddfa Genedlaethol a nifer o gwmnïau a chorfforaethau masnachol a diwydiannol, byddai ef a Heulwen yn mwynhau ciniawau, cyngherddau gala a darlithoedd gan wleidyddion ac academyddion o fri, fel yr achlysur pan gyfarfyddasant â Dr Hugo Walters am y tro cyntaf.

Roedd perthynas Ednyfed Lloyd-Williams a'i fab yn un ddyrys. Edmygai y naill yn y llall y nodweddion a'i tramgwyddai fwyaf. 'Ma pob dim yn dŵad yn rhy rhwydd, yn rhy hawdd i'r hogyn,' achwynai Ednyfed wrth ei wraig. 'Fasa'n dda gin i tasa fo wedi etifeddu mymryn llai o charm a Latin good-looks ei fam!'

'A mwy o sancteiddrwydd hunangyfiawn ei dad!' chwarddai Heulwen.

Gwrthryfelai Elwyn yn erbyn sadrwydd, sobrwydd a pharchusrwydd Ednyfed a'i ymroddiad obsesiynol i lwyddiant ei amryfal fentrau. Edmygai'r priodoleddau hynny hefyd a gwerthfawrogai'r breiniau, y cysur a'r serchogrwydd teuluol a ddeilliai ohonynt.

Dyna un o'r rhesymau pam y dewisodd astudio Economeg yng Ngholeg y Brifysgol, Abertawe, er y buasai dilyn cwrs gradd yn y Gymraeg wedi bod yn haws ac yn ddifyrrach ac wedi plesio ei fam, a oedd â gradd anrhydedd dosbarth cyntaf yn y pwnc. Gwyddai hi y gallai ei mab wneud lawn cystal, onid yn well:

'PhD, swydd darlithydd, uwch-ddarlithydd, Athro hyd yn oed, El…'

'Boring. Mega boring.'

'Be am S4C? Am y tro cynta ers canrifoedd ma modd i awdur ennill ei damad wrth sgwennu yn Gymraeg. Ma'r straeon sgwennist ti i Hugo Walters yn profi bod gin ti ddawn lenyddol arbennig iawn, Elwyn. Dyna fydda fo'n ddeud ac mi oedd o yn llygad ei le.'

Credai Heulwen Lloyd-Williams fod y ddawn lenyddol wedi deillio drwyddi hi, oddi wrth ei daid, Thomas William Parry (Ap Eilian), amaethwr llewyrchus, bardd gwlad ac awdur dwy gyfrol boblogaidd, *Saethu'r Pry Mawr a Straeon Eraill* (Gwasg Cefni, 1936) a *Cerddi Corlas* (Gwasg Cefni, 1947), a anrhydeddai enw'r cartref a fu'n eiddo i'r teulu ers cenedlaethau.

Roedd y cipolwg ar y byd y tu draw i Glawdd Offa a gawsai Elwyn yn Rugby wedi codi awydd gweld mwy arno, fodd bynnag. Buasai cydymffurfio â dyheadau ei fam wedi llesteirio hynny.

'Ma be dach chi'n awgrymu yn 'y nhemtio i, Mam,' meddai, 'ond gan 'mod i wedi siomi Tada mor ofnadwy dwi'n teimlo'i bod hi'n ddyletswydd arna i i neud Economeg.'

'A mynd i weithio i ELW?' gofynnodd Heulwen Lloyd-Williams a siom yn ei llais.

'Gawn ni weld,' meddai ei mab wrthi hi a 'Dim ffiars o beryg, chwadal Taid Corlas!' wrtho'i hun.

Gwyddai Elwyn y byddai mynd yn was cyflog i'w dad yn andwyo perthynas a oedd yn weddol serchus erbyn mis Medi

1987, pan aeth i Abertawe mewn Mini Cooper sgleiniog, du – rhodd gan ei fam.

Mwynhaodd Elwyn ei dair blynedd yn Abertawe. Oherwydd trafferth gyda chartilag ei ben-glin de ac anaf i bont ei ysgwydd, cynghorwyd ef gan feddygon i roi'r gorau i chwarae rygbi a sianelodd ei egnïon corfforol i weithgareddau'r Clwb Syrffio a'r Clwb Mynydda. Mynychai gyfarfodydd y GymGym yn achlysurol.

Cafodd gyfres o garwriaethau byrhoedlog ac un seriws. Parodd ei berthynas â Catrin Linor am dalp sylweddol o'i ail a'i drydedd flwyddyn. Roedd Catrin yn od o debyg i'r Dywysoges Diana, yn siarp dros ben ac yn ferch i Rheinallt ap Gwilym, cynhyrchydd a chyfarwyddwr ffilm a theledu a chanddo brofiad maith gyda HTV a'r BBC cyn iddo sefydlu cwmni cynhyrchu annibynnol Aptel yn Sgeti. Gobeithiai rhieni Catrin y byddai hi ac Elwyn yn dyweddïo wedi iddynt raddio ac y byddent yn ymuno â'r fenter gyfryngol deuluol, gyda sêl bendith a chefnogaeth ariannol tad cefnog y gŵr ifanc, ac, ar ôl cael eu traed danynt, yn priodi.

Oerodd serch Catrin Linor, fodd bynnag, pan gyfaddefodd ei sboner, ar derfyn noson wyllt yn Wind Street: 'Lecen i inni drafaelu tipyn cyn setlo lawr, Cat. Gweld tamed o'r byd. De America, y Dwyrain Pell, Ostrelia, LA… New York – "New York! It's a wonderful town!"'

Canodd Elwyn ar dop ei lais gan ennyn gwg ei gariad a sylw dirmygus eu cyd-lymeitwyr.

'Hisht, Elwyn! Ti'n gneud ffŵl o dy hunan!'

'Ma hynny'n gneud lles i ddyn weithie, Cat. Ddylet ti drial e.'

'Paid siarad dwli. Clyw, gallwn ni dderbyn y jobs yn Aptel *a* theithio'r byd. A chael ein talu am neud 'ny'n itha amal!'

'Holideis a jolis!' gwawdiodd Elwyn. 'Fi'n sôn am fod bant am flwyddyn neu ddwy.'

'Ti'n erfyn i Dadi gadw'r swyddi inni am gwpwl o flynydde?'

'A gweud y gwir, Cat, beth fi'n drial weud yw nag 'wy am i'n bywyde ni redeg ar hyd y tramlines ma'n rhieni i a dy rieni di wedi'u gosod ar ein cyfer ni!'

Ond fel y dynesai diwedd ei flwyddyn radd, sylweddolai Elwyn mai'r hyn a geisiai oedd swydd a gyfunai ryddid personol a bywoliaeth 'deidi'; gwaith a ganiatâi iddo weld y byd, neu ragor o Brydain Fawr o leiaf. Nid oedd am dreulio rhan helaeth o bob diwrnod yn eistedd ar ei ben-ôl o flaen desg a chyfrifiadur neu'n trafod elw chwarterol a mympwyon y farchnad gyda dynion eraill mewn siwtiau. Dyna fyddai ei dynged pe cydymffurfiai ag anogaeth ei dad i ymuno ag ELW.

Temtiwyd Elwyn gan y Fyddin. Bu'n aelod brwd o'r Combined Cadet Force yn Rugby a chymeradwyai ei rieni hynny. Ond cadéts oedd y CCF. Pechod anfaddeuol, yng ngolwg ei fam, fyddai iddo listio ym Myddin Lloegr a doedd gan ei dad ddim llawer o feddwl o 'ex-Army types' ym myd busnes.

'Beth am yr heddlu?' holodd swyddog gyrfaoedd y coleg.

'Y polîs?' ebe Elwyn gyda dirmyg. 'PC Plod?'

'Allet ti ddringo'n gyflym iawn i fod yn Chief Superintendent Plod. Ac yn uwch fyth. Check it out. Ma nhw'n ffast-tracio bois peniog fel ti.'

Cafodd Elwyn gyfweliad cyfeillgar a chynnig deniadol gan Heddlu De Cymru ond ysai am groesi'r Bont ac ar y cyntaf o Fedi, 1990, ymunodd â'r Metropolitan Police Service.

Nid oedd hynny'n annerbyniol gan Ednyfed Lloyd-Williams. Roedd yntau wedi sylweddoli y byddai ei berthynas â'i fab hynaf yn llai cynhennus pe na byddai hwnnw'n gweithio iddo nac yn byw'n rhy agos i Radur. Ac yn y cyfamser, roedd Glantaf yn meithrin moesau mireiniach a mwy dinesig yn Idris a Siwan, a hwythau'n edrych ymlaen at ymuno â'r ffyrm.

Esgus Elwyn wrth ei fam oedd y byddai'n well ganddo arestio Saeson na Chymry, yn enwedig rhai o'r anwariaid hoffus y bu yn yr ysgol efo nhw. Byddai'r profiadau amrywiaethol a gâi gyda'r Met yn ei alluogi i gynnig am swydd uchel yng Nghymru ynghynt na phetai'n aros gartref. 'Mae'n werth troi'n alltud ambell dro, Mam…'

Llundain

SWYDD GYNTAF ELWYN wedi iddo gwblhau cyfnod o hyfforddiant yng Ngholeg Hendon oedd gwasanaethu fel plismon mewn lifrai yn y 'Cylch Dur' a warchodai ganol Llundain rhag bomiau'r IRA yn nawdegau'r ganrif ddiwethaf. Parodd hynny, ynghyd â phrofiad gwaith mewn gwahanol orsafoedd, am ddwy flynedd, nes y derbyniwyd ei gais i ymuno â'r CID.

Treuliodd y tair blynedd nesaf yn hela gwerthwyr cyffuriau ar heolydd a stadau tai cyngor yr East End ac yng nghlybiau a thafarndai'r ardal honno. Gweithiai fel aelod o dîm a fyddai'n ffilmio ac yn recordio'r prynu a'r gwerthu ac yna'n cyflwyno'r dystiolaeth gerbron llys barn er mwyn sicrhau bod y troseddwyr yn derbyn cosb haeddiannol.

Pan ddeuai tro DC Lloyd-Williams i gymryd arno bod yn brynwr, adwaenid ef ar y stryd fel Byron 'Buster' Jenkins, *bouncer* o Ferthyr Tudful y bu'n rhaid iddo ffoi i Lundain am resymau annelwig roedd yn gyndyn o sôn amdanynt, neu Taff Lewis, athro ymarfer corff a ddiswyddwyd am roi *steroids* i'w ddisgyblion i wella eu perfformiadau a'i hoffter ei hun o gocên.

Cyd-dynnai Elwyn yn rhagorol â'i gyd-swyddogion a rhannai fflat yn Hammersmith gyda dau o'r un genhedlaeth ag ef.

Ar y pedwerydd o Fehefin, 1993, yn Eglwys Bresbyteraidd Leith, priodwyd William Elwyn ab Iorwerth Lloyd-Williams o Radur ger Caerdydd â Kathryn Mary Sinclair, merch Dr a Mrs Hamish Sinclair o Gaeredin.

Hap ddaeth â'r ddau at ei gilydd. Gweithiai'r Albanes dal, Lychlynaidd yr olwg, a hithau dair blynedd yn iau nag Elwyn, fel cynorthwyydd i'w ddeintydd. Wrth iddi grafu, caboli a gloywi dannedd claerwyn Elwyn, darganfyddasant eu bod yn meddu'r un hoffter o chwaraeon a mynydda a'r un awch i gadw'n heini. Ategwyd y diddordebau hynny gan atyniad rhywiol cryf o'r ddau du. Ffrwynwyd eu chwant gan Kathryn nes iddynt briodi. Parchai Elwyn ei gwyryfdod ac ymdrechai i efelychu ei moesoldeb dilychwin.

Elfen gadarnhaol arall yn eu perthynas oedd cyd-ymwybyddiaeth nad oeddynt yn Saeson a'u bod yn hanu o gymdeithasau a oedd yn wahanol i'r un y trigent ynddi ac yn debyg i'w gilydd.

Gresynai Heulwen Lloyd-Williams fod ei merch-yng-nghyfraith yn ddi-Gymraeg, ac mai felly y byddai'r wyrion arfaethedig. Siomwyd hi a'i gŵr oblegid dryllio cadwyn y cenedlaethau Cymreig a Chymraeg, ond heblaw am hynny plesiai'r briodas y ddau deulu. Meddyg yn un o faestrefi syber prifddinas yr Alban oedd tad y briodferch; Sgotyn pybyr a Thori rhonc. Bondiodd tad y briodferch a thad y priodfab ar unwaith.

Gyda chymorth ariannol eu rhieni, prynodd Elwyn a Kathryn *semi* bychan yn Ealing lle y treuliasant ddwy flynedd o gyd-fyw hapus ac o gymdeithasu hwyliog gyda rhai o gyd-swyddogion Elwyn a'u gwragedd ac aelodau o'r clwb badminton lleol.

Tra'i fod yn carthu gwehilion oddi ar strydoedd dwyrain Llundain mynychai Elwyn gyrsiau ar waith *undercover* a throseddau yn ymwneud â llygredigaeth ariannol, gweinyddol a gwleidyddol. Arweiniodd hynny at wahoddiad gan y Met i ymgymryd â gweithgareddau a wnâi ddefnydd ymarferol o'i hyfforddiant, ei radd mewn Economeg a'r doniau creadigol a glodforwyd gan ei fam a'i athrawon.

Byddai'n delio â safon uwch o droseddwr na 'ciaridyms y strydoedd cefn'. Ei ysglyfaethau yn awr fyddai pendefigion anghyfraith – bancwyr, cyfrifyddion, gwleidyddion a biwrocratiaid llygredig, cannwyr arian budr ac arglwyddi anghyffwrdd y fasnach cyffuriau anghyfreithlon ryngwladol. Deuai dyrchafiad a chodiad cyflog sylweddol gyda'i ddyletswyddau newydd ond nid oedd y gwaith yn ddiberygl ac er diogelwch i'w wraig a'i deulu, ni châi fyth sôn wrthi hi na neb arall heblaw swyddogion eraill am yr achosion y byddai'n ymwneud â hwy. Anfantais arall fyddai ei absenoldebau mynych o'i gartref, weithiau am gyfnodau maith. Ond roedd y cyflog yn sylweddol: £50,000 + treuliau hael.

Cyn derbyn y swydd newydd, disgrifiodd Elwyn ei hamodau a'i goblygiadau yn drylwyr wrth Kathryn, gan ddweud y bodlonai ar yrfa gonfensiynol, dyrchafiadau arafach a llai o gyflog pe dymunai hi hynny.

Anogodd Kathryn ef i dderbyn y swydd. Magwyd hi i barchu Cyfraith a Threfn, yr Heddlu, y Lluoedd Arfog a'r Teulu Brenhinol. Credai fod ei gŵr yn ddyn gonest ac anrhydeddus ac y byddai'n gwneud swydd anodd ac anhepgorol er budd a lles cymdeithas ac yn cael ei wobrwyo'n deilwng oherwydd hynny.

'My situation will be similar to that of the wife of a soldier defending our country on the field of battle, Elwyn,' meddai. 'Go for it!'

Dyna sut y gwelai Elwyn Lloyd-Williams a'i gyd-swyddogion eu hunain: milwyr yn y rhyfel diddiwedd yn erbyn trosedd a thor cyfraith.

Caniatâi codiad cyflog sylweddol Elwyn iddo ef a Kathryn ddechrau teulu, ac er mwyn planta mewn ardal brafiach a mwy breintiedig nag Ealing, symudasant i Muswell Hill ac i *villa* o'r enw Summerville gyda gardd helaeth o'i amgylch.

Ymunodd y ddau â'r clwb golff lleol – 'y gorau yng ngogledd Llundain' yn ôl ei lenyddiaeth sgleiniog – a hynny ar bwrs y wlad. Buan iawn y meistrolodd Elwyn y gêm a gostwng ei handicap yn sylweddol. Bu hynny o fudd iddo yn broffesiynol ac yn gymdeithasol.

Ganed dau fab i Elwyn a Kathryn: David yn 1996 ac Andrew yn 1998. Crwtyn pryd golau fel ei fam oedd y cyntaf-anedig a phryd tywyll fel ei dad yr ail. 'Celt neu Lychlynwr ydi Dafydd,' meddai Nain Radur, 'ac Iberiad ydi'i frawd bach o.'

Gan y dymunai Elwyn a Kathryn iddi fod yn fam lawn-amser yn ystod blynyddoedd cynharaf y bechgyn, rhoddodd hi'r gorau i'w swydd nes i'r ieuengaf ddechrau yn yr ysgol gynradd ragorol leol. Diléit pennaf oriau hamdden prin eu tad yn y dyddiau difyr hynny oedd chwarae rygbi a phêl-droed gyda'i feibion a'u ffrindiau ar y lawnt gefn neu mewn parc cyfagos. Gan gofio fel yr âi ei fam ag ef a'i frawd a'i chwaer i'r Amgueddfa Genedlaethol ac Amgueddfa Werin Sain Ffagan o bryd i'w gilydd, hebryngai yntau David ac Andrew i'r British Museum, y V&A ac amgueddfeydd ac orielau eraill y brifddinas.

Nid oedd Kathryn 'yn sgut am ddiwylliant', fel y sylwodd Heulwen Lloyd-Williams fwy nag unwaith, a gwerthfawrogai'r hoe a gâi pan ddiddanai Elwyn y bechgyn, ond roedd yn Gristion defosiynol a mynychai hi a'r bechgyn oedfa foreol ac Ysgol Sul Eglwys Fethodistaidd Muswell Hill, Pages Lane, N10, tra arhosai Elwyn gartref i arddio a darllen y papurau.

'I can't pretend to believe in an English-speaking God,' meddai Elwyn wrth ei wraig pan edliwiai hi hynny iddo.

'You don't believe in God anyway, Elwyn,' atebodd hithau.

'I can pretend to believe in a Welsh-speaking God,' meddai Elwyn. 'That's why I like going to Capel Crwys when we're in Wales. Not just to please my parents.'

Dyna flynyddoedd dedwyddaf Elwyn Lloyd-Williams. Gwirionai Kathryn ac yntau ar eu meibion a deuai'r teidiau a'r neiniau o Gymru a'r Alban i Muswell Hill yn fynych i ddotio ar eu hwyrion, yn enwedig pan ddigwyddai Elwyn fod oddi cartref am yn hir, ar gyrsiau, neu mewn cynhadledd, neu'n ymchwilio i fusnesau a chyfrifon banc amheus yng

Ngogledd America, y Dwyrain Pell neu ryw Ynys Afallon ddi-dreth.

Canai Heulwen Lloyd-Williams hwiangerddi Cymraeg i'r hogiau a dysgodd hwy i lefaru ychydig eiriau o'r iaith.

Roedd y rhan fwyaf o waith Elwyn yn gydnaws â chymdeithas lewyrchus Muswell Hill gan ei fod lawn cymaint o gyfrifydd a chyfreithiwr ag ydoedd o blismon; credai'r cymdogion ei fod yn 'something in the City'. Digon digyffro oedd y rhan fwyaf o'i weithgareddau *undercover*; dim peryclach na chymryd arno fod yn gyfalafwr ar sgawt am ffyrdd o gadw'i olud o grafangau'r Inland Revenue, neu'n asiant ar ran archfarchnad neu gorfforaeth â modd ganddo i lwgrwobrwyo cadeirydd a/ neu brif weithredwr cyngor sir neu awdurdod iechyd lleol.

Cymodwyd Elwyn a'i dad. Testun llawenydd i Ednyfed Lloyd-Williams oedd bod ei fab wedi dangos bod ganddo 'waelod' a bod ei fagwraeth a'i addysg, er gwaethaf troeon trwstan yr yrfa, wedi bod yn sylfaen i 'job bwysig, gwerth ei gneud'.

Plesiai Elwyn ei dad pan ofynnai am gyngor ynglŷn â materion cyfrifyddol neu drethiannol.

Ymfalchïai Dr Hamish Sinclair mewn mab-yng-nghyfraith a weithiai'n ddygn a chydwybodol i warchod sylfeini economaidd cymdeithas.

Ond daeth tro ar y byd cysurus hwn yn 2003 pan ofynnwyd i'r Ditectif Ringyll Elwyn Lloyd-Williams fynd i Marbella, ar y Costa del Sol yn ne Sbaen, i gadw golwg ar gonsortiwm o gangsteriaid, Saeson a Rwsiaid yn bennaf, ynghyd â dynion busnes, gwleidyddion a phlismyn lleol, a deyrnasai dros ymerodraeth a gyfunai smyglo cyffuriau, pobol a phlant, puteiniaeth a phornograffiaeth â busnesau cyfreithlon fel bwytai, bariau, cwmnïau adeiladu ac asiantaethau prynu a gwerthu tai, fflatiau ac eiddo o bob math.

Alan a Jan

Yn dilyn marwolaeth drychinebus ei rieni a'i chwaer fach Rebecca, magwyd Alan James Groves gan ei fodryb Doreen, chwaer ei fam, a'i gŵr Stan. Pan adawodd Alan yr ysgol yn un ar bymtheg, sicrhaodd Stan swydd iddo gyda'r un ffyrm leol o werthwyr tai a threfnwyr morgeisi â'i cyflogai ef ei hun.

Ymddiddorai Alan yn adran morgeisi ac yswiriant y busnes yn fwy na'r adran eiddo, ac ar ôl tair blynedd o brofiad a llwyddiant arholiadol symudodd i ffyrm fwy yn y City of London. Ffynnodd yno i'r fath raddau nes i'w gyflogwyr ofyn iddo groesi'r Iwerydd a bywiocáu gweithgareddau'r cwmni yn Toronto, Chicago a San Francisco. Gwnaeth ei ffortiwn yn UDA drwy werthu *sub-prime mortgages* i Americanwyr diniwed a rhoi'r gorau iddi ymhell cyn cwymp 2007–2008.

Dychwelodd Alan i Brydain yn ddyn cefnog iawn a sefydlu cwmni o ymgynghorwyr ariannol yn Islington ond syrffedodd yn fuan iawn ar dywydd yr UK a bywyd yn swbwrbia Llundain a mudo i'r Costa del Sol, lle'r oedd y tywydd a'r *lifestyle* yn fwy cydnaws â'i hedonistiaeth. Prynodd asiantaeth tai gwyliau a *timeshares* – hobi, fwy neu lai – a'i hailenwi'n Anglo-Andalucian Properties, fel arwydd o'i deyrngarwch i'w famwlad lawog a'r wlad heulog roedd wedi ymgartrefu ynddi gyda'i ddyweddi, Jan Stevens.

'Interior design consultant' oedd Jan; cynghorai hi bobol gefnog ynglŷn â chynllunio, addurno a dodrefnu eu cartrefi yn chwaethus. Hanai o Birmingham ond bu'n gweithio'n llawrydd am flynyddoedd yn Llundain. Roedd hi ac Alan wedi cwrdd â'i gilydd ddwy flynedd ynghynt pan weithient i'r un cwmni o *property developers* yn San Francisco.

Roedd Jan yn ddynes eiddigeddus iawn. Doedd wiw i Alan

daro cusan ar foch cleient ddeniadol wedi iddi lofnodi cytundeb, na chofleidio gwraig i gydnabod yn or-serchus wrth gyfarch neu ffarwelio. Byddai'n ddigon i beri i'r *fiancée* sboncio i dop y caitsh.

Castiwyd y Ditectif Gwnstabl Joanne Stanley i chwarae rhan cymar Alan Groves. Roedd y rôl yn anhepgorol, rhag i Alan gael ei arwain ar gyfeiliorn peryglus gan gariadon a gwragedd nwydwyllt dynion drwg y Costa, neu gael ei amau o fod yn hoyw.

Wrth i Elwyn a Jo gydweithio'n llwyddiannus ar achos cymhleth yn ymwneud â chamweinyddu gan gwmni yswiriant enwog y canfu eu penaethiaid botensial y bartneriaeth a'u henwebu ar gyfer cwrs ar ganllawiau tendro adrannau o lywodraeth ganolog, llywodraeth leol a'r Undeb Ewropeaidd. Golygai hynny dreulio llawer o amser yng nghwmni ei gilydd ym Mhrydain, Brwsel a Strasbourg. Ni fu'r cwrs o fudd arbennig iddynt hwy yn broffesiynol, ond nid dyna'i ddiben.

Merch i berchennog cwmni tacsis yn Stratford-upon-Avon oedd Jo. Digon tebyg i un Elwyn fu ei gyrfa blismonaidd: Prifysgol Warwick a gradd mewn Hanes; Heddlu Birmingham; Met; CID; cudd wasanaeth. Yn syniadaethol roeddynt yn dra gwahanol. Y naill yn wlatgarwr Cymreig rhyddfrydol a'i blismonaeth wedi ei sylfaenu ar argyhoeddiadau pendant ynglŷn â thegwch cymdeithasol, a'r llall yn aelod o deulu Torïaidd rhonc ac yn ymgorfforiad o Middle England, yn ddaearyddol ac yn wleidyddol. Gwarchod Lloegr rhag ei gelynion mewnol ac allanol a chosbi eu haerllugrwydd oedd ei swydd hi, yn ôl Jo, tra daliai Elwyn mai swyddogaeth yr heddlu oedd amddiffyn cymdeithas rhag drwgweithredwyr, twyllwyr, anarchwyr ac eithafwyr gwleidyddol.

Ysgogai'r gwahaniaethau ideolegol ddadlau brwd a phlagio cyfeillgar ond fyth ffrae, ac unwyd hwy gan yr un diléit: twyllo twyllwyr a hela a dal drwgweithredwyr.

Anghytunai'r ddau ynglŷn â rhai materion personol. Gŵr priod a phenteulu parchus oedd Elwyn, tra boddhâi Jo ei hangenrheidiau rhywiol ac emosiynol trwy wneud defnydd o'r cyfleusterau ar gyfer pobol broffesiynol a ddarperid gan asiantaethau paru arbenigol.

Ffeminydd Dorïaidd oedd Jo Stanley. Credai yn hawl menyw i fod mor uchelgeisiol, cystadleuol, awdurdodol ac egotistaidd ag unrhyw wryw.

Ar ddechrau pob *deployment* bydd cudd-blismyn yn paratoi ar gyfer ei derfynu, a hynny ar fyrder os aiff pethau o chwith. Dyna pam yr aeth perthynas dymhestlog a chweryla tanllyd Alan a Jan yn ddihareb ymhlith eu cydnabod a'u cyfeillion ar y Costa.

Paratoadau

CYDNABU CYFLOGWYR ELWYN a Joanne fod y gwaith y gofynnwyd iddynt ei gyflawni yn Marbella yn eithriadol o astrus a pheryglus trwy gynnig iddynt godiadau cyflog enfawr a threuliau hael.

Bu'r ymbaratoi a'r rihyrsio ar gyfer rolau mor beryglus yn faith ac yn drylwyr. Golygai 'fyw' eu partiau am ddyddiau bwygilydd a mynychu, ym Mhrydain a thramor, gyrsiau ar gymdeithaseg grwpiau troseddol, eu deinameg fewnol a'r grefft o ymdreiddio iddynt.

Dangosodd aelodau o'r Special Duties Squad i'r ddau sut i lunio ffug-hunaniaeth gredadwy. Sefydlwyd yr SDS yn 1968 yn sgil y gwrthdystiadau yn erbyn hiliaeth, imperialaeth, cyfalafiaeth a rhyfel UDA yn Fietnam a ysgytwodd Ewrop a Gogledd America yn chwedegau'r ganrif ddiwethaf. Swyddogaeth cudd-blismyn y sgwad oedd treiddio cyn ddyfned a chyn belled ag y gallent i strwythurau'r mudiadau, y pleidiau a'r undebau a heriai'r *status quo* ac anfon at eu rheolwyr a'u penaethiaid adroddiadau am amcanion, strategaethau a thactegau'r rheini, ynghyd â phroffiliau o'r gwrthdystwyr amlycaf a'r niferoedd a ddisgwylid mewn protestiadau a ralïau.

Wedi i ysbïwr yr SDS fabwysiadu ffugenw a ffug-hunaniaeth gallai ffugio ei fod yn chwyldroadwr eithafol a digyfaddawd am gyfnodau maith. Bu ambell un yn byw am flynyddoedd gyda theulu 'cyffredin' cyfreithiol yn ogystal ag un 'chwyldroadol'. Roedd gan gudd-blismyn yr SDS, yn ddieithriad, gariadon 'chwyldroadol'. Pa ffordd well o argyhoeddi eu cyd-aelodau o'u hymrwymiad i'r achos?

Hyd yn ddiweddar iawn, cedwid rhestrau o bob genedigaeth, priodas a marwolaeth a fu yn y Deyrnas Gyfunol yn ystod y ganrif a hanner flaenorol yn St Catherine's House, adeilad mawr, di-lun yn ardal Aldwych, yng nghanol Llundain. Heidiai haneswyr a chasglwyr achau yno, ac yno hefyd yr aeth y Ditectif Ringyll Elwyn Lloyd-Williams ar drywydd hunaniaeth newydd.

Chwiliodd am fanylion genedigaeth a marwolaeth bachgen a aned yr un flwyddyn ag ef ac a fu farw pan oedd rhwng tair a phedair ar ddeg mlwydd oed. Cynghorwyd ef i ddewis crwtyn a chanddo enw tebyg i Elwyn fel y byddai'n ymateb ar amrantiad pan elwid arno.

Cymerodd Elwyn enw Alan James Groves a aned yn 1969 yn Ysbyty Cyffredinol Basingstoke, Swydd Hants, ac a fu farw gyda'i rieni mewn damwain car ar draffordd yr M1 yn 1978. Ar sail y wybodaeth am enedigaeth y bachgen daeth i'w feddiant dystysgrif genedigaeth, rhif yswiriant cenedlaethol, pasbort a thrwydded gyrru car.

Nid heb bwl o euogrwydd y gwnaeth Elwyn hyn. Holai ei hun sut y teimlai petai rhywun yn gwneud defnydd cyffelyb o farwolaeth annhymig David neu Andrew. Gan mai'r bwriad oedd dodi dynion drwg dan glo, gobeithiai na fyddai'r ystryw wedi ei dramgwyddo fel tad.

Y cam nesaf oedd dod i adnabod Basingstoke. Ymwelodd â'r dref nifer fawr o weithiau gan dreulio oriau yn y llyfrgell yn pori drwy ôl-rifynnau'r *Basingstoke Gazette* a llyfrau ar hanes lleol, er mwyn amgyffred sut le ydoedd yn y saithdegau a'r wythdegau.

Mabwysiadodd Jo enw geneth o Birmingham, Janine Gail Stevens, a foddwyd ddechrau'r nawdegau yn ystod gwyliau yng Nghernyw gyda'i theulu.

Treuliodd Jo ac Elwyn oriau lawer bob dydd am wythnosau yn perffeithio eu chwedlau ac yn rihyrsio eu rhannau mewn ffug-sefyllfaoedd posib, tebygol ac annhebygol, gyda swyddogion eraill. Caent eu holi'n dwll am oriau am eu gorffennol a'u presennol dychmygol.

Marbella

DAETH ALAN A Jan i adnabod aelodau blaenllaw y Consortiwm yn fuan iawn. Byddai'n amhosib i berchennog busnes yn Marbella beidio â gwneud hynny, a byddai'n amhosib iddynt hefyd ffynnu heb ewyllys da y maffia lleol. Enillasant hwnnw trwy afradlonedd mewn bar a bwyty a chyfraniadau sylweddol at achosion elusennol a noddid gan eu ffrindiau.

Cytunodd Alan i gannu arian budr. Buddsoddodd mewn gwibgwch a gludai gyffuriau dros Gulfor Gibraltar. Derbyniwyd ef fel aelod ymylol o'r Frawdoliaeth; bwrgais lled barchus a oedd am elwa ar dor cyfraith heb fentro gormod.

Cyn hir, roedd y ddau dditectif wedi anfon at adrannau gwrth-gangsteraidd Prydain a Sbaen dystiolaeth a fuasai wedi eu galluogi i ddwyn nifer o ben-bandits y Costa gerbron eu gwell. Roeddynt wedi hen 'laru ar y fuchedd *ex-pat*, yr heulwen ddiddiwedd a'r cymudo rhwng Marbella a Llundain ac yn dyheu am ddiwedd y *deployment*.

Gwrthodwyd eu cais yn sgil awch y penaethiaid yn Llundain a Madrid am dystiolaeth a rwydai ragor o siarcod a phiranod y Costa del Sol.

Petai'r Ditectif Ringyll Elwyn Lloyd-Williams wedi cael dod adref mewn da bryd, ni fuasai wedi gweld yr erchylltra a newidiodd gwrs ei fywyd.

Pan wahoddodd Paco Alonso, perchennog rhai o glybiau nos mwyaf llwyddiannus Marbella, Alan Groves i 'sioe arbennig iawn', tybiai'r Prydeiniwr fod yr Iberiad bychan boldew yn cyfeirio at anlladrwydd eithafol yr adloniant. Ni wnaeth yr ateb a gafodd gan y Sbaenwr pan ofynnodd Alan iddo a fyddai Jan yn debyg o fwynhau'r cynhyrchiad ddim i newid ei feddwl: 'Na, noson i'r bechgyn fydd hon. Daw limo i dy nôl di am hanner nos.'

Dywedodd y *chauffeur* croenddu wrtho mai mewn warws ar stad ddiwydiannol rai cilometrau o'r ddinas y cynhelid y 'sioe', a pheri iddo feddwl mai ffair fasnach anghyfreithlon fyddai'r achlysur.

Mewn honglaid mawr gwag o adeilad daethai haid o wehilion a phuteiniaid ynghyd – 'Hŵrs a lladron... putas y ladrones,' meddyliodd y ditectif o Gymro – i weld dienyddiad is-ddihiryn o Estonia a oedd wedi bradychu aelodau o'r Consortiwm pan holwyd ef gan yr heddlu.

Cadwynwyd y creadur i fwrdd metel, dan lifolau llachar, fel petai mewn theatr feddygol. I fanllefau'r gynulleidfa, arteithiwyd ef gan y llabwst Rwsiaidd, Sergei, a'r Cocni bach dan-din, Nick the Chiv, y naill â phicell drydan a'r llall â chyllell hirfain, finiog.

Pan ddechreuodd y Sais flingo ei ysglyfaeth, rhuthrodd Alan Groves am y drws dan chwydu ei berfedd dros ei grys sidan glas a'i drowsus lliain claerwyn.

Ni chaniatawyd iddo adael yr adeilad nes y tawodd sgrechiadau olaf yr Estoniad ac i'w gorff gael ei gludo i amlosgfa ddinesig.

Deallodd y ditectif mai amcan y gwrthuni oedd dangos i ddeiliaid y Consortiwm dynged anochel y sawl a'i tramgwyddai.

'Noson ddifyr, señor?' holodd y *chauffeur* clên.

'Difyr iawn,' atebodd yntau o'r sedd gefn.

Coeliai hynny, er gwaethaf drewdod ei ddillad, am na chaniatâi ei feddwl iddo gofio'r hyn a welsai ac a glywsai.

Parhaodd y normalrwydd arwynebol wrth iddynt ddynesu at oleuadau lliwgar, llachar y ddinas yr oedd ei bwytai, ei bariau a'i chlybiau yn dal i ddiwallu anghenion a dyheadau twristiaid a brodorion. Cofiodd amdano'i hun yn rhywun arall, yn ddeuddeg oed ac yn mwynhau'r un olygfa.

Erbyn iddynt gyrraedd y faestref dawel lle safai'r Villa Mariposa, gwrthryfelai ei gorff yn erbyn ymdrech ei feddwl i anghofio'r erchylltra.

Trawodd bapur hanner can ewro yn llaw'r *chauffeur* a stryffaglu allan o'r limo gan anwybyddu 'Gracias, señor! Buenas noches!' yr Affricanwr.

Llifai hylif rhewllyd drwy ei wythiennau. Dirgrynai ei gorff a'i aelodau yn aflywodraethus. Gydag anhawster y gwasgodd y cod-rifau cywir ar glo electronig clwyd fawr fetel yr ardd ac yna ar un drws y tŷ. Caeodd y drws â chlep a siglodd seiliau'r adeilad, a dringodd y grisiau fel petai'n feddw. Tynnodd ei ddillad oddi amdano a'u lluchio ar riniog ei lofft. Fel y camodd i'r gawod, clywodd lais ei bartner yn galw:

'Al? Are you OK?'

'Couldn't be better!' bloeddiodd fel y sgaldiai'r llifeiriant chwilboeth ei gnawd.

Safodd dan y gawod nes bod perygl iddo andwyo'i hun. Yna sychodd ei hun, gwisgodd ei gôt-faddon ac ymunodd â'i bartner yn y lolfa.

Ceryddodd hi ef: 'You got pissed! With that crowd! How bloody irresponsible!'

'I wish it were just that,' meddai yntau gan eistedd wrth ei hymyl ar y soffa o ledr Córdoba.

Ymdawelodd wrth adrodd yr hanes ond dychwelodd y cryndod a'r oerfel pan dawodd.

'Does this have an effect on the deployment?' holodd Jo.

'We'll talk about that in the morning,' atebodd yntau. 'Got to get to bed. I'm freezing.'

Cynorthwyodd Jo ef i godi oddi ar y soffa. Hebryngodd ef i'w lofft ac i'w wely.

Gorweddodd Elwyn ar ei gefn ar y gwely mawr llydan gan rythu ar y nenfwd a gwingo.

'I'm freezing to death, Jo,' cwynodd.

Diffoddodd hi'r golau a'i annog i gau ei lygaid a cheisio cysgu.

'If I close my eyes I'll see it again,' meddai yntau. 'And hear it.'

Tosturiodd Jo wrtho a gofyn: 'Do you want me to stay with you?'

'Yes.'

'Do you want me to get in with you?'

'Yes.'

Wrth iddynt gofleidio a mwytho'i gilydd, dychwelodd y gwaed i'w wythiennau a gydag ef ei wrywdod a'i hunanhyder.

Cytunwyd drannoeth na ddylai'r fath beth fyth ddigwydd eto ond roedd y tabŵ yn chwilfriw, eu nwydau'n ddilyffethair a'u blysiau'n rhemp.

Miniogwyd eu cyfathrach gan y peryglon a'u hamgylchynai.

Roedd Jo bryd tywyll yn llawnach o gorff na Kathryn ac yn fwy mentrus yn rhywiol.

Troes y *deployment* yn fis mêl.

Bellach trigai'r Ditectif Ringyll Elwyn Lloyd-Williams/ Alan James Groves mewn pedwar byd gwahanol. Roedd yn blismon proffesiynol ymroddedig; yn aelod o giwed o ladron a llofruddion; yn ŵr ffyddlon, tad serchus a mab a mab-yng-nghyfraith annwyl; yn cyd-fyw'n odinebus â 'dynes arall'.

Dim ond yn ei feddwl ef ei hun y gorgyffyrddai'r bydoedd hynny. Goferent i'w gilydd weithiau, wedi noson o lymeitian a gloddesta, ond fe'u cedwid ar wahân, fel rheol, gan ewyllys haearnaidd.

Gwelai Elwyn ei hun fel rhagrithiwr egwyddorol. Un a orfodwyd i dramgwyddo safonau moesol y gymdeithas a wasanaethai gan ddyletswydd i'w gwarchod hi a miliynau o'i dinasyddion gonest a diniwed rhag drwgweithredoedd gelynion milain a diegwyddor. Credai, fel y rhelyw o'i gyd-swyddogion, fod gan warchodwyr cyfraith a threfn hawl i dorri'r gyfraith honno ar adegau, i dramgwyddo yn erbyn moesau'r gymdeithas a warchodent mewn sefyllfaoedd argyfyngus ac i ateb mileindra â mileindra pe bai hynny'n angenrheidiol.

Ond rhyw fore dydd Gwener daeth bydoedd gwrthgyferbyniol Detective Sergeant Elwyn Lloyd-Williams/ Alan James Groves, *aka* 'Big Al', i wrthdrawiad â'i gilydd mewn man mwy gwrthrychol na'r ymwybyddiaeth y llechent ynddi. Curl Up and Dye, siop drin gwallt yn Inverness, oedd y lle hwnnw. Yno digwyddodd Linda Donaldson, chwaer Kathryn Lloyd-Williams, godi copi o'r cylchgrawn *Heat* wrth i'w gwallt brith gael ei lifo'n winau.

Prif erthygl y rhifyn oedd hanes ymweliad un o sêr *EastEnders* â Marbella gyda'i gariad ddiweddaraf, a oedd yn gyn-gariad i ganwr pop enwog. Gangster oedd y cymeriad a bortreadai'r actor a threuliodd ran helaeth o'i wyliau yn 'ymchwilio' ar gyfer y rhan trwy gymdeithasu â gangsteriaid go-iawn a oedd wedi ymddeol – meddent – i heulwen y Costa. Darluniwyd y stori â ffotograffau camera cudd yn dangos y macwy a'i fun yn mwynhau eu hunain mewn bwytai, bariau, pyllau nofio ac ar y traeth yng nghwmni'r cyn-ddihirod a'u menywod bronnoeth ac *ex-pats* eraill, gan gynnwys 'Brit businessman Alan Groves and his gorgeous partner Jan'.

Sylwodd Elwyn ar unwaith ar yr oerni yng nghroeso Kathryn y tro nesaf y dychwelodd o Marbella. Nid oedd hynny'n anarferol a llonnodd drwyddo wedi swper rhagorol a glaseidiau o win coch a gwirod; mwy nag arfer o'r rheini, gan na chymerodd ei wraig fwy na llymaid neu ddau o'r *claret* a dim *cognac* na wisgi. Fel roedd Elwyn ar godi o'i gadair i wylio diwedd *Newsnight*, gosododd Kathryn y rhifyn dadlennol o *Heat* o'i flaen gydag anogaeth iddo astudio llun o'r actor a'i gariad yn torheulo ar lan pwll nofio anferth. Gerllaw iddynt lled-orweddai Alan Groves a Jan Stevens, ill dau yn sipian sangria.

'Does this guy remind you of someone?' holodd Kathryn a'i bys ar fynwes y dyn busnes.

Tagodd ei gŵr ar ei wirod am ysbaid hir cyn llwyddo i droi ei anghysur corfforol ac emosiynol yn chwerthin aflywodraethus.

'Mi ydan ni'n debyg i'n gilydd,' chwarddodd pan lwyddodd i gymryd arno dod ato'i hun.

'Hynod o debyg. 'Run wyneb, 'run gwallt, 'run lliw haul.'

'Nid yn Sbaen ces i hwn, cariad. Rydw i wedi treulio'r wythnosa dwytha yn Manceinion yn cogio bod yn werthwr cyffuria o Bermondsey sy'n treulio oria bwygilydd bob wythnos mewn fake tan studio.'

'Mae un ffordd saff o weld ai'r un dyn ydi Elwyn Lloyd-Williams ac Alan Groves.'

'Derbyn 'ngair i, Kathryn.'

'Mae 'na ffordd fwy dibynadwy. Ffonio Anglo-Andalucian Properties.'

Tagodd ei gŵr eto. Heb gymorth brandi y tro hwn.

'Pwy?'

'Cwmni Alan Groves yn Marbella. Mi wnes i gysylltu efo'r newyddiadurwr sgwennodd y stori. Dweud 'mod i a Jan Stevens yn hen ffrindiau ysgol ac y leciwn i gysylltu efo hi, ac efallai cael gwahoddiad i mi a 'ngŵr i fynd draw i aros efo hi a'i phartner. Beth am imi roi caniad i Anglo-Andalucian Properties? Na. Mae hi braidd yn hwyr i drafod busnes, hyd yn oed yn Sbaen. Ben bore fory. Mi ofynna i am sgwrs efo Mr Groves a chymryd arna i, os bydd o yno, ein bod ni'n meddwl prynu fflat neu villa yn Marbella. Ond os clywa i fod Señor Alan Groves oddi cartre am wythnos…'

Cyfaddefodd Elwyn mai ef oedd Alan, gan honni mai

perthynas blatonig, broffesiynol oedd rhyngddo ef a Joanne Stanley, a bod ei phriodas hi a Jim, ei gŵr, mor gadarn â'i un ef a Kathryn.

'Nid dyna ddwedodd Harvey wrtha i.'

'Harvey?'

'Y newyddiadurwr. Roeddet ti a hi yn annwyl iawn efo'ch gilydd, medde fo.'

'Actio oeddwn i.'

'Fel byddi di'n actio efo fi?'

'Rydw i'n dy garu di, Kath—'

'Nag wyt. Neu fyddet ti ddim wedi 'mradychu i.'

'Sori, sori, sori...'

'Rydw i wedi amau ers misoedd. Dydw i ddim yn hollol dwp. Dim ond yn rhy ddiniwed ac yn rhy lwfr i dy herio di. Ond dyma fi wedi gneud hynny o'r diwedd. Diolch i *Heat*. Rydw i mor ddiolchgar i Harvey. Mi ffonia i o heno. Mae o'n haeddu sgŵp...'

'Paid â meiddio!' bloeddiodd Elwyn gan ysgwyd Kathryn yn gïaidd a'i bygwth â'i ddwrn. 'Paid ti â blydi meiddio!'

Sgrechiodd Kathryn mewn braw a gollyngodd Elwyn hi gan ymddiheuro ac ymgreinio.

'Mae'n ddrwg gen i, cariad! Madda imi! Paid â deud gair wrth dy newyddiadurwr na neb arall!' ymbiliodd. 'Plis, Kathryn! Gallai hynny beryglu bywyda pobol.'

'You mean yourself and "the gorgeous Jan"? Don't tempt me, laddie!'

Cododd Elwyn oddi ar ei liniau a ffonio ei reolwr i'w hysbysu o ddigwyddiad anffodus ac anrhagweladwy a allai amharu ar lwyddiant Operation Scuba. Trefnasant i gyfarfod drannoeth i drafod 'damage limitation'.

Wedi ffrae enbyd, gyhoeddus ym mwyty pum seren y Fuerte Marbella, yr olaf a'r hyllaf o gyfres, ymwahanodd Alan a Jan. Dychwelodd hi i Loegr ar unwaith. Dilynodd Alan yn fuan wedyn, ar ôl gwerthu'r busnes. Gwnaeth elw sylweddol i'w gyflogwyr am ei fod ef a Jan yn bobol fusnes tan gamp a'r farchnad eiddo yn Sbaen yn yr entrychion ar y pryd.

Bodlonwyd eu cyflogwyr yn fwy fyth gan weithgareddau plismonaidd y ddau. Bu'r wybodaeth a gyweiniwyd ganddynt yn fodd i anfon rhai o archddihirod y Costa i garchar am gyfnodau maith ac i chwalu corfforaeth droseddol a allforiai i Brydain bob blwyddyn werth miliynau o bunnau o gyffuriau a channoedd o fewnfudwyr anghyfreithlon, llawer ohonynt yn buteiniaid neu'n gaethweision.

Dyrchafwyd y Ditectif Ringyll Elwyn Lloyd-Williams yn Arolygydd a'r Ditectif Gwnstabl Joanne Stanley yn Rhingyll.

Ofer fu pob ymgais daer ac edifeiriol gan Elwyn i gymodi â'i wraig.

'Mi allwn i faddau one-night stand,' meddai Kathryn. 'Ffling, neu hyd yn oed affair. Ond nid byw bywyd "normal" efo dynes arall ac yna dod adre i fyw bywyd "normal" efo fi a'r bechgyn.'

'Ond nid fi oeddwn i yn Marbella,' mynnai Elwyn. 'Alan Groves oeddwn i. Doeddwn i, Elwyn, ddim yn anffyddlon iti. Gneud job o waith oeddwn i, ac oherwydd imi 'i gneud hi mor dda mi fydd haid o ddihirod gwaetha Ewrop yn y jêl!'

'A haid arall yn cymryd eu lle nhw,' oedd ateb swta Kathryn.

Ysgarodd Kathryn ei gŵr ar delerau manteisiol iddi hi ei hun a chosbedigaethol iddo ef. Dychwelodd i'r Alban gyda David ac Andrew a gwnaeth bopeth a allai o fewn telerau caeth yr ysgariad i rwystro cyfathrach rhyngddynt hwy a'u tad.

Siomwyd Ednyfed a Heulwen Lloyd-Williams yn aruthrol gan y tor priodas cynhennus ac annisgwyl, eithr ni fynnai Kathryn gosbi rhieni ei chyn-ŵr am ei gamweddau o a chaniatâi i David ac Andrew fynd i aros 'with Taid and Nain in Wales' ddwywaith y flwyddyn. Am flynyddoedd, dyna'r unig gyfle a gâi Elwyn Lloyd-Williams i weld ei feibion heblaw am bnawniau glawog yn llochesu mewn caffis a sinemâu yng Nghaeredin neu Glasgow.

Meiriolodd Kathryn wedi iddi ddod o hyd i gymar newydd a sefydlu ail deulu. Caniataodd i'w chyn-ŵr dreulio penwythnosau gyda'i feibion yn gwersylla yn yr Alban neu mewn Center Parcs yn Lloegr a Gwlad Belg.

Bu ymweliadau â Llundain, ei hatyniadau a'i rhyfeddodau, yn llwyddiannus iawn. Unwaith, ar y ffordd yn ôl i Gaeredin yn y car, gofynnodd yr hynaf, David: 'Can I ask you a question, Dad?… Mum says you left us because you thought your job was more important. Is that true?'

'It's true. And it's the biggest mistake I ever made.'

'What exactly do you do?' holodd Andrew.

'I investigate fraud and financial crimes.'

'Are you a policeman?' holodd y bychan.

'Sort of, Andy.'

Trysorai Elwyn y mân wyliau hyn, er y byddai dyddiau o iselder ysbryd dudew yn dilyn pob un.

Ar ôl deufis o grwydro Asia, De America ac Awstralia, penodwyd Joanne Stanley i swydd a ddisgrifiai ei phenaethiaid fel 'a doddle; more R&R than deployment'.

Aeth i Wynedd i gadw golwg ar weithgareddau'r Gwyrddion, ymgyrchwyr asgell chwith a chenedlaetholwyr Cymreig yn y rhan honno o'r deyrnas. Ni theimlai'r Ditectif Ringyll na'i phenaethiaid fod yr amodau gwaith na bucheddau'r targedau yn galw am ymweliad arall â St Catherine's House a mabwysiadodd Jo ffugenw a oedd yn cyfuno ei pharch at ei harwres â'r unben Groegaidd.

Maggie Alexander, 'freelance care worker from Sussex', wedi cael llond bol ar y driniaeth gywilyddus a dderbyniai preswylwyr rhai o'r cartrefi henoed y bu'n gweithio ynddynt ac ar ei pherthynas â rheolwr un o'r sefydliadau hynny, a oedd yn ŵr priod. Symud i Wynedd am fod fan'no ymhell o Sussex ac oherwydd ei chefnogaeth i fudiadau sy'n ymgyrchu dros ddiogelu'r amgylchedd, 'ac mae digon o hwnnw i'w gael yng Ngwynedd'.

Gyda'r elw a ddeilliodd o werthu ei fflat yn Brighton, prynodd siop fechan a fflat uwch ei phen ym Mangor Uchaf a sefydlu menter gwerthu crefftau a chynnyrch Masnach Deg. Ymunodd â Phlaid Cymru, Cymdeithas yr Iaith Gymraeg a'r Crwydriaid Coch a Gwyrdd a mynychodd gyrsiau yn y Brifysgol a'i galluogodd i siarad Cymraeg bratiog yn rhugl.

Donostia

WEDI MISOEDD O *leave*, y treuliodd Elwyn ran helaeth ohono yn dirwyn ei briodas yn boenus i ben ac yn ymddiheuro i'w rieni, cynigiodd y Met ddewis eang o swyddi digythrwfl iddo. Diflasodd ar dair o'r rhain a gofyn i'w gyflogwyr am un *extramural* a'i cadwai rhag hel meddyliau.

Gwahoddwyd ef i ymuno â'r National Public Order Intelligence Unit (NPOIU), a oedd wedi traflyncu'r SDS ac asiantaethau eraill a weithredai yn yr un maes.

Swyddogaeth yr NPOIU oedd casglu gwybodaeth am ymgyrchwyr gwleidyddol eithafol ar y Chwith a'r Dde a monitro eu gweithgareddau. Ei enw gwreiddiol oedd yr Animal Rights National Index (ARNI), corff a ffurfiwyd ddiwedd y ganrif ddiwethaf i ddelio â thor cyfraith treisiol ymgyrchwyr dros hawliau anifeiliaid. Daliwyd a chosbwyd nifer o unigolion a oedd wedi cyflawni troseddau difrifol yn erbyn pobol ac eiddo, rhwystrwyd eraill rhag troseddu a drylliwyd trefniadaeth y mudiadau mwyaf peryglus.

Yn sgil y llwyddiannau hynny ac o ganlyniad i'r cynnydd yng ngweithgareddau mudiadau a phleidiau gwrthgyfalafol, anarchaidd a Throtsgïaidd, ehangwyd cyfrifoldebau'r ARNI a newidiwyd ei enw.

Rheolid y National Public Order Intelligence Unit (NPOIU) gan yr Association of Chief Police Officers (ACPO), cwmni cyfyngedig preifat ac annibynnol a noddid gan y Swyddfa Gartref. Roedd bas-data NPOIU yn adnodd proffidiol oedd yn ffynhonnell gwybodaeth werthfawr i gwmnïau preifat eraill ac adrannau o'r llywodraeth ganolog a llywodraeth leol ynglŷn ag unigolion a mudiadau gwleidyddol ac undebau llafur oedd yn debygol o ysgogi anhrefn a gwrthdaro cymdeithasol, neu anghydfod yn y gweithle trwy annog streiciau ac amharu ar hawl rheolwyr i reoli. Dywedai lladmeryddion ar ran NPOIU na fyddai fyth yn ymyrryd ag ymgyrchoedd cyfreithlon undebau llafur na phleidiau a mudiadau gwleidyddol nad oeddynt yn tramgwyddo egwyddorion democrataidd ein cymdeithas.

Deilliodd swydd gyntaf Elwyn i NPOIU o gyfres o gyfarfodydd rhwng uchel swyddogion cudd wasanaethau Prydain, Ffrainc a Sbaen. Y pwnc ar frig yr agenda bob tro oedd hyrwyddo cydweithrediad yn y dasg o ddiddymu'r rhwydwaith o lochesau, cuddfannau, cefnogwyr a noddwyr a ddefnyddiai fyddin chwyldroadol ETA i symud aelodau, arian, arfau a ffrwydron yn ôl a blaen rhwng Gwlad y Basg ac Iwerddon *via* Llydaw.

Cytunwyd na cheid neb gwell nag asiant o Gymro Cymraeg a chanddo grap ar Sbaeneg i gyfeillachu ag aelodau o'r 'Sinn Féin Basgaidd', Herri Batasuna, a mudiadau eithafol eraill, i ymdreiddio i drefniadaeth danddaearol y terfysgwyr ac i drosglwyddo'r wybodaeth a gasglai i'r gwasanaethau gwrthderfysgol.

Derbyniodd Elwyn yr her a pharatôdd ar ei chyfer gyda'i drylwyredd a'i broffesiynoldeb arferol.

Astudiodd adroddiadau diweddaraf lluoedd gwrthderfysgol Sbaen a Ffrainc ar ETA a'i weithgareddau, ar y Mudiad Cenedlaethol ehangach ac ar wleidyddiaeth Gwlad y Basg a Sbaen. Bu'n crwydro Euskadi am wythnosau lawer yn ymgyfarwyddo â'i threfi, ei dinasoedd, ei rhanbarthau a'i phobol cyn dewis Donostia/San Sebastián fel y math o le a ddenai'r cymeriad yr oedd yn ei greu ac a fyddai'n gartref i derfysgwyr a'u cefnogwyr.

Dychwelodd i St Catherine's House a chwilio am hunaniaeth newydd.

Cymerodd enw Alun Joseph Griffiths a aned yn Ysbyty Cyffredinol Aberdâr yn 1969, yn fab i löwr, John Henry Griffiths, ac Eileen Mary Griffiths (*née* Maguire) a weithiai yn y Co-op yn Abercynon, lle trigai'r teulu yn 156, Glanffrwd Road, tŷ pen y rhes.

Bu farw Alun o lid yr ymennydd pan oedd yn wyth mlwydd oed, ac yn ôl adroddiad yn yr *Aberdare Leader* fe'i claddwyd ym mynwent Pontypridd.

Cerddodd y cuddwas strydoedd Abercynon gan oedi'n aml yng nghyffiniau 156, Glanffrwd Road.

Dychmygodd y dreflan lwyd, ddifasnach, ddi-waith a difywyd fel y buasai bron ddeugain mlynedd ynghynt: yn fywiog, yn ffyniannus ac yn ddu fel y glo y sylfaenwyd ei ffyniant arno.

Treuliodd oriau yn y llyfrgell yn gwneud gwaith ymchwil anhepgorol.

Daeth o hyd i fedd ei *alter ego* a safodd yno'n syllu ar y geiriau 'Always in our Hearts. Daddy, Mammy and Laura'. Meddyliodd y gallasai ef ac Alun fod wedi bod yn gyd-ddisgyblion yn Rhydfelen a theimlodd yn euog.

Aeth ati i lunio'i chwedl, serch hynny:

Glowyr oedd dau dad-cu Alun Joseph Griffiths, yn ogystal â'i dad. Roedd Tad-cu Maguire yn weriniaethwr Gwyddelig digyfaddawd a Tad-cu Griffiths yn gefnogol i'r Blaid Gomiwnyddol. Pleidleisio dros Lafur oedd unig weithgaredd gwleidyddol ei dad, John Griffiths, ond roedd hwnnw'n undebwr cydwybodol a fu mewn helynt gyda'r heddlu fwy nag unwaith yn ystod Streic Fawr 1984–1985.

Gweithiai ei fam, Eileen, yn y Co-op lleol tan ddiwedd y Streic. Erbyn hynny roedd ei gŵr wedi ymserchu mewn aelod o'r Hammersmith Miners' Support Group a hithau wedi dod o hyd i gymar newydd, Steve, myfyriwr ymchwil ym Mhrifysgol Abertawe ac aelod o'r Socialist Workers' Party. Pan gafodd Steve swydd mewn coleg yn Croydon, symudodd Eileen ato gyda'i dau fab, Alun a Glyn.

Roedd Tad-cu Griffiths yn Gymro Cymraeg na throsglwyddodd ei famiaith i'w fab ond mynnai na wneid yr un camwri â'i wyrion, Alun a Glyn, a chawsant hwy addysg gynradd ac uwchradd Gymraeg nes iddynt fudo i Croydon yn ystod eu harddegau a cholli'r iaith – dros dro yn achos Alun, ond am byth yn achos Glyn, a ymfudodd i Awstralia.

Ar ôl cwblhau ei addysg uwchradd yn un o ysgolion cyfun Croydon, aeth Alun i Brifysgol Llundain, lle graddiodd gydag anrhydedd mewn Economeg. Arweiniodd ei lwyddiant academaidd at gyfres o swyddi gyda banciau a chorfforaethau fel Goldman Sachs, Barclays, Credit Suisse ac UBS. Deilliodd elw personol sylweddol o'i waith fel *trader* a *hedge-fund manager*. Cefnodd ar Gymreictod a gwleidyddiaeth radicalaidd ei deulu. Bu mewn perthynas â Christine, *city high-flyer* arall, am flynyddoedd ond daeth hon i ben oherwydd straen a gwallgofrwydd byd yr uwch-gyfalafwyr a'i ddibyniaeth ef a'i bartner ar alcohol a chyffuriau eraill. Canlyniad anorfod hyn oedd *nervous breakdown* difrifol.

Yn y cyfamser roedd ei frawd bach, Glyn, yn Melbourne a'i fam wedi magu ail deulu. Nid oedd dim ond alcohol a chyffuriau i'w gadw yn Llundain. Ystyriodd Alun ddychwelyd i Gymru ond ofnai fod ei famwlad yn rhy agos at y ddinas ddihenydd ac y buasai'n rhy hawdd iddo gael ei hudo'n ôl yno.

Penderfynodd wireddu hen freuddwyd, hen ffantasi: dod yn berchennog bar neu fwyty yn un o wledydd deheuol Ewrop. Dewisodd Wlad y Basg am ei henwogrwydd gastronomig a'i thebygrwydd, mewn sawl modd, i Gymru. Buddsoddodd gyfran o fudrelw'r City mewn bar yn Hen Dref Donostia, ardal lle yr arddangosir daliadau gwleidyddol y masnachwyr a'r trigolion eraill gyda'r un eofndra llachar ag a welir yng ngorllewin Belffast a dinas Derry.

Croesawyd y bar Cymreig – El Dragón Tinto – gan y cymdogion a chan ETA pan gydsyniodd y perchennog, yn ewyllysgar a dirwgnach, i dalu treth fusnes y fyddin chwyldroadol.

Cyflogodd gogydd a dwy weinyddes a siaradai Euskara, ac er mwyn cydymffurfio â chwaeth y *barrio*, addurnodd barwydydd y bar â phosteri a gefnogai'r achos cenedlaethol Basgaidd yn ogystal â rhai'n dangos harddwch ardaloedd yng Nghymru, Llydaw, yr Alban ac Iwerddon a ffotograffau o arwyr Cymreig cyfoes fel Tom Jones, Catherine Zeta, Ryan Giggs, Shirley Bassey a'r tîm rygbi cenedlaethol cyfredol. Croesawai gerddorion a dawnswyr gwerin lleol a thrwbadwriaid a bandiau Gwyddelig i berfformio yno.

Aeth ati o ddifrif i ddysgu'r Fasgeg gan wneud cynnydd rhagorol mewn byr o amser. Ymrestrodd fel cefnogwr tîm pêl-droed Athletic Bilbao. Ymunodd â Herri Kriolak, cymdeithas sy'n hyrwyddo campau Basgaidd a ddatblygwyd o weithgareddau gwledig a morwrol fel codi cerrig, pladuro a dringo mastiau, a daeth yn aelod o'r prif dîm tynnu rhaff.

Cyfaddefai Alun wrth ei gyfeillion a'i gwsmeriaid Basgaidd mai Cymro digon llugoer a sentimental ydoedd pan ymsefydlodd yn Donostia. Eu cenedlaetholdeb eirias nhw a daniodd ei Gymreictod cynhenid a'r sosialaeth a etifeddodd gan ei dad a'i deidiau. Cyffrowyd ef, meddai, gan lwyddiannau'r Mudiad Cenedlaethol Basgaidd a'i ymdrechion diflino i adfywio Euskara. Cyfareddwyd ef gan ddycnwch arwrol y cenedlaetholwyr mwyaf digyfaddawd, rhyfelwyr chwyldroadol ETA a'u cefnogwyr yn Herri Batasuna. Llanwyd ef ag atgasedd at wladwriaethau imperialaidd fel Sbaen, Ffrainc a Lloegr ac argyhoeddwyd ef mai annibyniaeth lawn yw'r unig nod teilwng i genedl orthrymedig anelu ato. Gwelai bleidiau cenedlaethol Cymru a Llydaw, a hyd yn oed yr SNP, fel rhai tila iawn o'u cymharu â glewion ETA a HB a'u cymrodyr yn y Provos a Sinn Féin. Gobeithiai y byddai cenedlaetholwyr Cymru yn ymwroli ac yn penderfynu efelychu Euskadi petai'r Basgiaid yn llwyddo i uno'u gwlad a'i rhyddhau o grafangau Sbaen a Ffrainc.

Bob hyn a hyn, câi cwsmeriaid El Dragón Tinto eu diddanu gan ganwr neu fand o wlad orthrymedig fel Palesteina, Catalwnia, Iwerddon a Mauritania. Nid oedd Cymru'n un o'r rheini. Pe digwyddai twristiaid o'i famwlad daro i mewn i'r bar caent groeso cynnes gan El Dueño a 'drinks on the house', ond fawr o sgwrs.

Petai un o hen ffrindiau 'Big Al Groves' wedi digwydd cerdded i mewn i'r Dragón – sefyllfa annhebygol – go brin y buasent wedi sylweddoli mai'r un oedd y perchennog hirwallt a'i farf drwchus, bygddu â'u hen gyfaill. 'Smart casual' oedd diwyg arferol Alan. 'Very casual and scruffy' oedd un Alun.

Rhybuddiwyd Alan Groves i beidio â chyboli, ar boen ei fywyd, gyda merched Marbella, ond nid oedd yr un gwaharddiad yn weithredol mewn achosion gwleidyddol fel yr un yr ymgymerai Alun Griffiths ag ef yn awr. Fel arall yn hollol.

'Er bod ceffylau blaen y mudiadau protest eithafol, bron yn ddieithriad, yn ffanaticiaid sosiopathig,' meddai uwch-swyddog yn NPOIU oedd â chyfrifoldeb am gynghori swyddogion maes ar faterion gwleidyddol, 'at ei gilydd, pobol onest ac anhunanol sy'n byw mewn bydau bach cyfyng o ideolegau, argyhoeddiadau, obsesiynau a delfrydau yw'r rank and file. Rhai parod i ymddiried yn unrhyw un sy'n arddel yr un daliadau â nhw gyda'r un eiddgarwch, yn enwedig os oes atyniad rhywiol.'

Yng nghyd-destun ei waith yn San Sebastián, cymeradwyai ei reolwr a phenaethiaid eraill NPOIU *liaisons* eu cuddwas gydag aelodau benywaidd o'r Mudiad Cenedlaethol. Gan ei fod bellach yn ŵr sengl, nid oedd rheswm i Elwyn deimlo'n euog oherwydd ei garwriaethau â rhai o'r merched gwlatgar a fynychai'r Dragón, ond dyna ddigwyddai, a châi byliau o hiraeth am David ac Andrew a'u mam. Breuddwydiai ambell nos yn Gymraeg am Radur a Rhydfelen.

Nid oedd yr adroddiadau a anfonai Elwyn/Alun at ei reolwr

yn rhagori ar rai y gallasai newyddiadurwr da eu llunio nes iddo ymuno â dosbarth Basgeg Mariasun Txillardegui. Un fechan, bryd tywyll, danbaid oedd hi, oddeutu deg ar hugain mlwydd oed, ac aelod o deulu o genedlaetholwyr digyfaddawd a oedd, ers cenedlaethau, wedi colli eu gwaed eu hunain a gwaed eu gwrthwynebwyr dros ryddid Euskadi. Buasai Mariasun yn gariad i Nik Elorriaga, un o ferthyron ETA, a laddwyd pan ymosododd yr heddlu ar ffermdy lle'r oedd ef a'i gymrodyr wedi carcharu dyn busnes a herwgipiwyd. Pan ddaeth hi ac Alun yn gariadon, cyfaddefodd Mariasun iddi fod yn aelod o dîm a laddodd ddau blismon ac anafu un arall trwy osod bom dan eu car yn Pamplona.

Dotiai Mariasun at genedlaetholdeb naïf ac emosiynol Alun Griffiths a'i barodrwydd i gymryd ei dywys ganddi at ddealltwriaeth fwy athronyddol o'r Cwestiwn Cenedlaethol, un a seiliwyd ar fyd-olwg Marx-Leninaidd. Dysgodd hi Alun am berthnasedd y rhyfel dosbarth i frwydrau cenhedloedd bychain dros ryddid ac annibyniaeth.

Roedd Mariasun yn gitarydd talentog a phan ymwelai â'r Dragón Tinto mynnai'r selogion ei bod yn cyfeilio i lais tenor swynol El Galés. Nid oedd llawer o waith perswadio arno i ganu detholiad o ganeuon fel 'Calon Lân', 'Bugeilio'r Gwenith Gwyn' a 'Myfanwy'. Perfformient unawdau a deuawdau mewn ralïau gwladgarol a 'nosweithiau llawen' i godi arian at yr Achos.

Dadebrai cyffro ac areithio tanbaid yr achlysuron hynny genedlaetholdeb a fu'n huno yn isymwybod Elwyn er dyddiau maboed.

Bu Mariasun yn bencampwraig *tae kwon do* Euskadi ac amheuthun ganddi hi ac Alun oedd gornestau ymaflyd codwm pan oferai trais a rhyw i'w gilydd.

Diddymodd ffyrnigrwydd eu caru ei atgofion am ddiniweidrwydd tyner Kathryn yn ystod blynyddoedd cyntaf eu priodas ac am gampau erotig Jo Stanley yn Marbella. Brawychid ef ar adegau gan eithafrwydd cariad Mariasun ato. Wrth orwedd wrth ei hymyl berfeddion nos, ofnai fod Mariasun wedi sugno ei enaid i'w byd hi a'i heintio â'i hargyhoeddiadau eithafol a chwyldroadol. Roedd hi a'i thebyg yn derfysgwyr, heb os nac oni bai, ond nid yn 'mindless thugs' fel y'u portreadid gan y sefydliad a'r cyfryngau torfol. Nid pennau bach y Chwith Brydeinig oedd rhain ond dynion a merched deallus, diwylliedig, dewr ac egwyddorol. Egwyddorion gwyrdroëdig, o bosib, ond nid oeddynt yn bobol ddrwg nac yn wallgof.

Un noson, wedi iddynt fod yn caru'n chwyslyd yn y llofft uwchlaw'r bar, holodd Mariasun yn gryg, unwaith eto: 'Wyt ti'n fy ngharu i, Alun?'

'Wrth gwrs 'mod i.'

'Wyt ti'n ffyddlon imi?'

'Siŵr iawn.'

'Wyddost ti beth wnaeth cyfneither imi i'w chariad pan ddaliodd hi o efo merch arall? Lledu si ei fod o'n fradwr ac yn gweithio i'r polîs.'

Diolchodd Alun am y tywyllwch wrth holi: 'Beth ddigwyddodd?'

'Choeliodd neb hi ac mi gafodd ei halltudio i Cadiz. Fyddwn i ddim yn gneud peth mor dan-din!' chwarddodd Mariasun. 'Mi fyddwn i'n dy saethu di fy hun.'

Daeth Alun ac Iñaki, un o frodyr Mariasun, yn gyfeillion.

Un byr, pryd tywyll, athletaidd fel ei chwaer oedd hwnnw ac ychydig flynyddoedd yn hŷn na hi. Peiriannydd sifil ydoedd wrth ei broffesiwn bob dydd. Liw nos, megis, gweithredai fel 'bancar' ETA yn rhanbarth Donostia. Un o'i gyfrifoldebau oedd symud arian yn ôl a blaen rhwng mudiadau cyfreithlon a chefnogwyr unigol a rhyfelwyr y fyddin gudd. Manteisiodd ar sgiliau cyfrifyddol Alun a gwerthfawrogai ei gyngor ynglŷn â channu'r arian a ddeilliai o ladrata, blacmêl a herwgipio a'i fuddsoddi mewn banciau a mentrau diogel ledled y byd.

Mynychai'r Basgwr a'r Cymro gêmau Athletic Bilbao gyda'i gilydd. Pan chwaraeai un o dimau rygbi rhanbarthol Cymru yn Biarritz neu Bayonne, croesent 'y ffin' i Ffrainc i'w gefnogi. Nid hoffter o bêl-droed a rygbi yn unig a'u cymhellai. Roedd torf o ffans swnllyd yn fan diogel i gynllwynio neu i drosglwyddo arian a negeseuon.

Plesiodd Alun ei gyfaill yn fawr pan droes ail lawr y bar yn gampfa lle gallai ieuenctid cenedlaetholgar Donostia wella eu ffitrwydd a derbyn hyfforddiant yn y celfyddydau hunanamddiffynnol ac ymosodol.

Roedd Iñaki a'r teulu cyfan yn dra diolchgar i Alun am lonni bywyd Mariasun a'i chodi o'r iselder a'i gorthrymodd er pan laddwyd Nik Elorriaga. Croesawyd y Cymro yn wresog i'w plith.

O berthynas Alun Griffiths â Mariasun ac Iñaki deilliodd toreth o wybodaeth am strwythur, tactegau a strategaethau ETA, am arweinyddiaeth y mudiad ar bob lefel ac am ei gefnogwyr cyhoeddus a rhai cyfrinachol. Oherwydd ffydd y brawd a'r chwaer ynddo a chyfraniadau ariannol hael y Cymro alltud at yr Achos, ymddiriedwyd i'r Cymro deirgwaith y dasg o gludo arian a negeseuon rhwng Bilbao, Brest a Belffast.

Pan ymwelai'r llatai â Llydaw, synnai faint o wybodaeth am y wlad, ei hiaith a'i diwylliant a storiwyd yn ei gof yn ystod gwyliau teuluol yn Benoded a Kerlouan a'r gwyliau cyfnewid yn Lesneven a drefnai Ysgol Rhydfelen. Deuai pytiau defnyddiol o Ffrangeg yn ôl o'i isymwybod mewn rhai sefyllfaoedd.

Cafodd ei hun ryw fore yn mwynhau coffi a *croissants* ar deras y Café de Bretagne yn Kemper ac aelodau o gôr merched o Gaerdydd a gymerai ran mewn gŵyl werin yn y dref wrth fyrddau o boptu iddo. Buasai wedi ymateb yn Gymraeg i rai o'r sylwadau personol pryfoclyd a wnaent amdano oni bai iddo sylwi ar ddwy a fu'n gyd-ddisgyblion iddo yn Rhydfelen.

Un prynhawn bendigedig o braf, a hwythau'n torheulo

ar draeth bae lluniaidd La Concha, syfrdanodd Mariasun ei chariad tra y tylinai eli haul i'w ysgwyddau: 'Wyddost ti beth ydi 'mreuddwyd i, Alun?' holodd cyn ateb ei chwestiwn ei hun: 'Byw yng Nghymru efo ti a magu teulu yno.'

'Be?' ebychodd Alun a theimlodd hi ei gyhyrau'n tynhau dan ei dwylo.

'Ddychrynais i ti rŵan on'd do, y diawl?' chwarddodd Mariasun a'i droi ar ei gefn.

Daeth yntau ato'i hun ddigon i allu gwenu'n drist a dweud: 'Mi gynigiodd Christine a fi ddechrau teulu. Gafodd hi ddau gamesgoriad. Siom ofnadwy inni ill dau. Yn enwedig Christine. Dyna pryd yr aeth yr yfed a'r pethau eraill dros ben llestri. Felly…'

'Mae'n ddrwg gen i, Alun,' ymddiheurodd Mariasun ac ychwanegu gyda gwên dyner: 'Paid â phoeni. Dydi planta ddim yn fy mhlania i. Dy garu di'n sy'n gwneud imi ddeud petha gwirion.'

Dyna pryd y cytunodd Elwyn ac Alun na fyddai'n ddoeth iddynt aros lawer yn hwy yn Euskadi.

Yn ystod y cyfnod a dreuliodd Elwyn yng Ngwlad y Basg, cynyddodd y gofid byd-eang ynglŷn ag effeithiau diwydiannaeth ar yr hinsawdd a'r amgylchedd. Gwelwyd cynnydd cyfatebol mewn gwrthdystiadau yn erbyn corfforaethau a llywodraethau y dywedid fod eu hawch am elw masnachol a thwf economaidd yn peryglu einioes y blaned a'r ddynoliaeth.

Cyn hir daeth hi'n amlwg i wleidyddion a llywodraethau fod mudiadau asgell chwith eithafol yn gwyrdroi pryderon dilys y cyhoedd ac ymgyrchoedd cyfreithlon mudiadau ecolegol cyfrifol er mwyn hyrwyddo agenda chwyldroadol, wrthgyfalafol a gwrthddemocrataidd. Roedd cudd wasanaethau gwledydd yr Undeb Ewropeaidd a'r Unol Daleithiau yn ymwybodol o'r perygl eisoes ac yn fwy na pharod i weithredu yn erbyn yr eithafwyr.

Dyna pam y gofynnwyd i Elwyn ehangu ei orwelion plismonaidd ond gan barhau i gadw golwg ar ETA a'u cefnogwyr.

Mynychai brotestiadau a ralïau dirifedi yn Sbaen a ledled Ewrop ac ymunodd â phwyllgorau ymgyrchoedd mewn nifer o wledydd, gan anfon adroddiadau cyson at ei reolwr ynglŷn â chynlluniau a chynllwynion y mudiadau, proffiliau o'u harweinwyr, gan gynnwys gwendidau, ffaeleddau a chamweddau ar gyfer blacmêl a llwgrwobrwyaeth,y niferoedd a ddisgwylid mewn protestiadau ac ati. Wedyn, byddai NPOIU yn trosglwyddo'r wybodaeth i'r awdurdodau a'r heddluoedd lleol.

Nid oedd sêl Alun Griffiths dros warchod yr amgylchedd, trwy drais, pe byddai angen, yn anghydnaws â'i sosialaeth a'i genedlaetholdeb. Edmygid ei barodrwydd i deithio i Baris, Brwsel, Amsterdam, Berlin ac Ynys yr Iâ i hyrwyddo'r wrth-imperialaeth werdd. Dywedai ei fod yn ceisio gwneud iawn am y blynyddoedd diffaith a dreuliodd fel cyfalafwr a'i fod yn awyddus i ddefnyddio cyfran o'r budrelw a wnaeth bryd hynny i hyrwyddo'r wleidyddiaeth werdd a rhyddid ac annibyniaeth Euskadi.

Gan iddo amlygu ei hun fwyfwy mewn protestiadau a ralïau, ni synnwyd neb pan ddechreuodd perchennog El Dragón Tinto dderbyn negeseuon teleffon a rhai ysgrifenedig yn bygwth ei einioes, na phan chwalwyd y bar yn yfflon gan fom. Ar anogaeth ei gymrodyr Basgaidd, dychwelodd Alun Griffiths i'r Deyrnas Gyfunol i ystyried ei ddyfodol.

Rai wythnosau'n ddiweddarach, carcharwyd wyth cenedlaetholwr Llydewig a dau weriniaethwr Gwyddelig, atafaelwyd cyfrifon banc swmpus deiliaid ETA yn Sbaen a Ffrainc, ac arestiwyd a maes o law dedfrydwyd i garchar am gyfnodau maith un ar bymtheg o arweinwyr blaenllaw adran filwrol ac adran wleidyddol ETA. Saethwyd tri yn farw ar y briffordd rhwng San Sebastián a Bilbao wrth iddynt ffoi mewn car rhag yr heddlu. Mariasun Txillardegui oedd un o'r rheini.

Aeth Alun Griffiths i angladd Mariasun. Wylodd yn hidl ar lan ei bedd.

Wylodd Elwyn Lloyd-Williams yr un mor hidl ar yr awyren o Bilbao i Gatwick.

Rhwng Swyddi

LWYDDIANT OPERATION DIVER oedd un o'r ffactorau a ysigodd ETA a chymell yr arweinwyr oedd yn dal â'u traed yn rhydd i roi'r gorau i'w hymgyrch i sefydlu Euskadi unedig ac annibynnol trwy drais.

Llongyfarchwyd y Ditectif Arolygydd Elwyn Lloyd-Williams yn galonnog ar ei lwyddiant gan benaethiaid NPOIU a'r swyddogion o wasanaethau cudd Sbaen a Ffrainc y bu'n cydweithio â hwy. Gydag anhawster y llwyddai i gau ei geg pan glywai sylwadau hiliol, gwrth-Fasgaidd gan y rheini, ond nid oedd ganddo gywilydd o'i ran allweddol yn Operation Diver. Teimlai, gyda balchder, fod ei lwyddiant fel cuddwas gwrthderfysgol wedi hyrwyddo'r broses heddwch a democratiaeth yn Euskadi ac Iwerddon ac wedi ychwanegu at fri rhyngwladol y gwasanaethau cudd Prydeinig.

Rhannodd ei *leave* ar derfyn Operation Diver rhwng yr Alban a Chymru.

Llwyddodd i negydu telerau ymweld mwy ffafriol gyda Kathryn a threuliodd rai dyddiau yn mynydda yn ardal Fort William gyda David ac Andrew, gan fwynhau'r dyletswyddau tadol yr amddifadwyd ef ohonynt cyhyd. Hyrwyddodd y datblygiadau hyn, yn eu tro, gymod rhwng Elwyn a'i deulu yn Radur a Chaerdydd.

Profiad dieithr a phleserus i'r ditectif oedd bod yn ef ei hun yn ei fro enedigol a'i hen gartref yng nghwmni ei rieni a'i frawd a'i chwaer a'u teuluoedd ifainc.

Roedd Idris bellach yn Gyfarwyddwr Buddsoddiadau ELW,

Siwan yn Rheolwr Cyllid un o gwmnïau cyfryngol mwyaf y brifddinas a'r ddau ohonynt ar fyrddau'r cwmnïau a sefydlwyd gan eu tad.

Wrth iddo helpu ei fam i lwytho'r peiriant golchi llestri ar ôl parti teuluol hwyliog gofynnodd hi iddo: 'Dwyt ti ddim yn meddwl ei bod hi'n bryd iti setlo i lawr, Elwyn?'

Chwarddodd yntau'n chwithig a holi: 'Be dach chi'n feddwl, Mam?'

'Byw rwbath tebyg i bawb arall, El. Gneud job sy ddim yn hush-hush. Dŵad yn ôl i Gymru. Ffendio rhyw Gymraes bach. Sgin ti rywun ar hyn o bryd?'

'Nag oes, Mam, neb…'

'Paid â'i gadal hi'n rhy hwyr.'

'Ella bod hi'n bryd imi ga'l "job go-iawn", fel byddwch chi'n deud.'

'Wyt ti o ddifri, Elwyn?'

'Gawn ni weld, Mam.'

'A dŵad yn d'ôl i Gymru?'

'Gawn ni weld…'

'Dwyt ti ddim yn canlyn, felly?'

Llifodd un o'r hunllefau a ddifethai ei gwsg i feddwl Elwyn: Mariasun yn cerdded i mewn i gegin y Pinwydd ac yn achwyn wrth Heulwen Lloyd-Williams fod ei mab wedi ei bradychu.

'Ydach chi'n cario'i blentyn o, 'ngenath i?' holai Heulwen.

'Ydw,' atebai Mariasun. 'Mi saethodd o fi a 'mabi.'

'Naddo, Mam, naddo!' bloeddiai Elwyn wrth ddeffro.

'Be sy, Elwyn?' holodd yr Heulwen Lloyd-Williams o gig a gwaed a frawychwyd gan y trallod ar wyneb ei mab.

'Rhyw bwl o gamdreuliad, Mam,' atebodd yntau mor siriol ag y gallai. 'Fuo'r hen ddyn yn rhy hael, fel arfar, efo'r Bwrgwyn a'r Penderyn.'

Hunllef arall a'i blinai, liw dydd weithiau, oedd Sergei, y cawr o Siberia, a Nick the Chiv a'i farf *goatee* bitw yn cydio ynddo, yn ei gadwyno ac yn gwawdio ei wewyr wrth iddynt baratoi i'w blicio.

Pan welodd Elwyn ei fam yn dodi cyllyll a ffyrc yn y peiriant, ciliodd o'r gegin cyn i'r weledigaeth honno ei feddiannu.

'Ella gnâi hi les imi fod "unwaith eto 'Nghymru annwyl", Mam,' meddai.

'Gobeithio y dei di adra atan ni cyn bo hir,' meddai Heulwen Lloyd-Williams.

Gwireddwyd ei dymuniad yn fuan wedyn.

Yn sgil sesiynau *debriefing* trylwyr ac adroddiadau gan ei reolwyr a seicolegwyr a seiciatryddion, penderfynodd penaethiaid NPOIU na ddylid, am beth amser, gofyn i'r Arolygydd Elwyn Lloyd-Williams ymgymryd â swydd beryglus fel y ddwy a gyflawnodd mor effeithiol yn Sbaen.

Ond pan grybwyllodd Elwyn ei fod yn ystyried gadael y Gwasanaeth 'am resymau teuluol', pwyswyd arno i ymbwyllo cyn gwneud penderfyniad terfynol. Roedd ei brofiad a'i broffesiynoldeb yn adnoddau rhy werthfawr i'w hepgor cyn pryd. Cynigiwyd dyrchafiad atyniadol iddo, maes o law, ac yn y cyfamser 'mi gei godiad cyflog a job ysgafn tu ôl i ddesg'.

'Dim diolch. Mi fydda swyddfa yn Llundain yn boring iawn ar ôl Sbaen.'

'Beth am job yn ôl ymhlith dy bobol di dy hun? Olynu Joanne Stanley yng Ngwynedd? Lle bynnag mae fan'no! Mae'r hogan wedi bod yno'n hen ddigon hir. Bryd iddi ddechra gwneud rwbath am ei chyflog.'

'Dydw i ddim yn ffansïo hynny,' meddai Elwyn ar ôl clywed manylion y swydd.

'Feddylion ni y byddat ti wrth dy fodd.'

'Mae Cymru mor fach. Pawb yn nabod ei gilydd. Neu'n nabod rhywun sy'n dy nabod di. Yn enwedig os wyt ti'n siarad Cymraeg.'

'Mae'r Gymraeg yn hanfodol yn yr achos hwn. Er bod Joanne

wedi dysgu'r iaith, mae hi'n cyfadde ei bod hi'n colli llawer o'r hyn sy'n cael ei ddweud mewn sgyrsiau a thrafodaethau ideolegol. Ac er ei bod hi wedi cael pob croeso a charedigrwydd gan yr activists lleol a'r Cymry'n gyffredinol, mae hi'n teimlo na chafodd hi mo'i derbyn yn llwyr ganddyn nhw. Maen nhw'n dal i feddwl amdani fel Saesnes ac nid yn un ohonyn nhw. Maddau imi am ddeud hyn, ond nid hi ydi'r cynta i deimlo eich bod chi Gymry'n tueddu i fod braidd yn clannish.'

Wedi dyddiau o bendroni, derbyniodd Elwyn y swydd. Gwelai'r cyfle i weithio yng Nghymru drwy gyfrwng y Gymraeg yn her broffesiynol ddiddorol. Pwysicach na hynny fyddai'r cyfle i chwilio, wrth ei bwysau, am swydd fwy parhaol a chonfensiynol, y naill ochr neu'r llall i Glawdd Offa. Ac efallai y deuai o hyd i gymar a fyddai'n plesio'i fam.

Cyfarfu â Jo nifer o weithiau i drafod yr ofalaeth a'r unigolion a'r mudiadau y byddai'n eu targedu. Cafodd adroddiadau ganddi ar weithgareddau'r rheini, gan gynnwys proffiliau o'r arweinwyr a'r aelodau amlycaf.

Temtiwyd Jo ac Elwyn i ailgynnau'r fflam, ond ymataliasant rhag sarnu'r cof am anturiaeth arwrol a charwriaeth eirias.

'We'll always have Marbella,' meddai Jo.

'Here's looking at you, kid,' meddai Elwyn wrth iddynt glincio'u gwydrau o Rioja.

Cynefino

Treuliodd Elwyn ddeufis yng Nghanada yn ennill cymwysterau a thystysgrifau a'i trwyddedai i hyfforddi pobol i fynydda, hwylio, dringo creigiau a chaiacio. Llwyddodd yn ddidrafferth, gan iddo ymarfer gweithgareddau o'r fath yn gyson oddi ar ddyddiau coleg.

Rhentiodd Dyddyn Adda, bwthyn cysurus ar gyrion pentref Pen-y-waun, rhwng Llanrug a Llanberis, ac aeth ati i ddod i adnabod yr ardal a'i gymdogion, yn Gymry a Saeson. Prynai gyfran sylweddol o'i neges wythnosol yn y Post/Stordy Eryri/ Snowdon Stores. Gwyliai gêmau cartref tîm pêl-droed y pentref. Derbyniodd wahoddiad i ymaelodi â Phwyllgor y Neuadd. Mynychai oedfaon bore Sul Bethel (Methodistiaid Wesleaidd) pan allai a mwynhâi beint neu ddau yn y Stwmp/Eagles Arms ambell fin nos.

Ymwelodd â phob canolfan gweithgareddau awyr iach yng Ngwynedd a Môn i gynnig ei wasanaeth fel hyfforddwr hunangyflogedig. Cafodd nifer o addewidion o waith achlysurol a rhai cynigion pendant.

Aeth i olwg y bynglo yn Llanfaethlu a fu'n gartref i'w daid a'i nain ar ochr ei dad a Corlas, y ffermdy yn Rhos-y-bol lle magwyd ei fam. Oedodd yng nghyffiniau'r ddau le i hel atgofion am wyliau haf pan oedd ef ac Idris a Siwan yn blant.

Wrth iddo synfyfyrio ger ceg y lôn breifat a arweiniai at Corlas daeth 4x4 o gyfeiriad Amlwch a throi i mewn iddi. Rhythodd y gyrrwr i gyfeiriad y car dieithr a stopio'i gar. Adnabu Elwyn ei gefnder, Dewi, a gyrrodd ymaith.

Cofiodd gwpled y clywsai ei daid yn ei adrodd:

Man ble bûm yn gware gynt
Mae dynion ni'm hadwaenynt.

Y perygl pennaf yn yr ardal honno oedd i aelod o'i deulu ei adwaen.

Golygodd Elwyn CV Alun Griffiths ac astudiodd lên y mudiadau y gorchmynnwyd ef i'w targedu. Ymhlith y taflenni a'r pamffledi roedd cerdyn aelodaeth mudiad yr anogwyd ef gan ei reolwr a'i ragflaenydd, Jo Stanley, i feithrin cysylltiad clòs ag ef gan y byddai aelodaeth yn agor drysau i nifer o fudiadau eraill ac yn hyrwyddo ei integreiddiad i'r gymdeithas ehangach:

Y CRWYDRIAID COCH A GWYRDD

Cadeirydd: Dr Dafydd Cemlyn Evans
Is-gadeirydd: Dr Angharad Gruffydd
Trysorydd: Huw Pritchard
Swyddog y Wefan: Sam Hargreaves
Ysgrifennydd: Eirlys Mair Evans
Pwyllgor: Ieuan ap Gwilym, Annes Gwynn, Emyr Cadwaladr Jones

Egwyddorion ac Amcanion

Ehangu ein hadnabyddiaeth o dirwedd Cymru a'i chyfoeth o blanhigion a bywyd gwyllt.

Ymgyrchu gyda mudiadau eraill i ddiogelu'r dreftadaeth honno.

Astudio'r cysylltiad rhwng hanes economaidd a gwleidyddol Cymru a'r ymosodiadau ar yr amgylchedd yn ein gwlad ni a gwledydd eraill o ddechrau hanes hyd heddiw.

Seilio ein hastudiaethau a'n hymgyrchu ar ddehongliad sosialaidd o hanes.

Ceisio argyhoeddi ein cyd-wladwyr bod yn rhaid i gyfalafiaeth farw os yw ein planed a Chymru i fyw.

Gweithgareddau

O leiaf unwaith y mis, bydd yr aelodau a'u cyfeillion yn ymgynnull ar gyfer taith gerdded mewn ardal sydd o ddiddordeb ecolegol, hanesyddol, diwylliannol, diwydiannol neu ôl-ddiwydiannol. Ar yr achlysuron hynny ceir anerchiadau gan aelodau, neu gan wahoddedigion sydd â gwybodaeth arbenigol.

Bydd yr aelodau'n cydweithio, fel unigolion ac fel Cymry, â mudiadau amgylcheddol a gwleidyddol eraill megis Cyfeillion y Ddaear, RSPB, Cadwch Gymru'n Daclus, PAWB, CND, Stop the War Coalition ac ati.

Byddwn yn cefnogi ymgyrchoedd amgylcheddol mewn gwahanol ardaloedd o Gymru, ac weithiau mewn gwledydd eraill, trwy fynychu ralïau, protestiadau a gorymdeithiau, anfon llythyrau i'r wasg a.y.b.

Gwahoddwn aelodau o'r cyhoedd i ymweld â'n gwefan, *www.crwydriaidcochagwyrdd.org*

Y Nant a Thre'r Ceiri

CYRHAEDDODD Y LAND Rover hynafol fuarth Tyddyn Adda yn brydlon yn ôl y trefniant. Daeth y gyrrwr o'r cerbyd heb ddiffodd yr injan a brasgamu dros y cerrig mân crensiog at Alun, a safai ger drws y bwthyn a'i sgrepan wrth ei draed.

Roedd Cemlyn Evans oddeutu trigain mlwydd oed, ei ben yn moeli a *designer stubble* tridiau ar ei ên ac o gwmpas ei geg. Gwisgai siaced ddenim las a jîns o'r un lliw ac am ei draed roedd pâr o esgidiau cerdded traws-gwlad.

Dr Dafydd Cemlyn Evans, 'Cemlyn' neu 'Cem' i'w wraig a'i gyfeillion. Glasenw: 'Cremlyn'. Fo a'i wraig, Eirlys, sylfaenodd y Crwydriaid. Darlithydd wedi ymddeol o Adran Gymdeithaseg Prifysgol Bangor. Awdur traethawd PhD (1976) ar y gwrthdaro rhwng sosialaeth a chenedlaetholdeb yng ngweithiau Silyn Roberts a David Thomas. Cyn-aelod o nifer o fudiadau'r Chwith eithafol – CPGB, SWP, IMG ac ati. Disgrifia ei hun fel 'Gweriniaethwr Sosialaidd Cymreig'. Er gwaethaf ei ddaliadau, does dim tystiolaeth iddo gymryd rhan mewn gweithgareddau anghyfreithlon ac eithrio smygu *marijuana* o bryd i'w gilydd. Tad i dri o blant â swyddi yn y cyfryngau a/neu y byd addysg a thaid i bedwar o wyrion. Yn 1987, bu ond y dim i berthynas Cemlyn Evans ag un o'i fyfyrwyr, Mavis Irene Wall, ddifetha ei briodas a'i yrfa academaidd. Cafodd ffling gyda chyd-ddarlithydd yng nghanol y nawdegau (heb i'w wraig ddod i wybod am hynny, mae'n debyg).

'Pa hwyl, Alun?' holodd Cemlyn wrth ysgwyd llaw Elwyn yn egnïol.

'Lled dda,' atebodd yntau. 'Gallai'r tywydd fod yn well, sbo?'

'Ma hi'n sych o leia ac mi godith at amsar cinio. Tyd i gwarfod Eirlys a gna le i chdi dy hun yng nghefn y siandri.'

Ufuddhaodd Alun a chyfarchodd ef a'r ddynes a eisteddai yn y sedd flaen ei gilydd yn serchus. Roedd hi'n dal a golygus a gwisgai anorac a bere coch.

Eirlys Mair Evans, Pennaeth Adran Wyddoniaeth ysgol gyfun leol. Aelod o Gymdeithas yr Iaith Gymraeg yn ystod dyddiau coleg. Treuliodd fis yn HMP Pucklechurch am ddifrodi arwyddion ffyrdd Saesneg. Disgrifia ei hun fel 'cenedlaetholwraig ganol-oed, ddosbarth canol sy'n darllen y *Guardian*'.

Dychwelodd Cemlyn i sedd y gyrrwr a gwnaeth *five-point turn* trwsgwl ar y buarth, gan gymryd gofal i beidio â sgriffio'r Ford Focus glas, lleidiog a barciwyd yno.

'Sut wyt ti wedi setlo ym Mhen-y-waun?' holodd wrth i'r Land Rover sgrytian ar hyd y lôn drol a gysylltai fuarth y bwthyn â'r lôn bost.

'OK,' atebodd Alun. 'Ma'r cymdogion yn gyfeillgar iawn. Y Cymry, fi'n meddwl. Ma colony fach o white settlers 'co, ond sa i'n boddran 'da nhw.'

'Mae o'n bentra go fywiog, medda nhw,' meddai Eirlys.

'Ddim yn ffôl. Fi ar bwyllgor Neuadd y Pentre a ma rhaglen ddiddorol 'da nhw at y gaeaf. Cwpwl o gigs i'r cryts a ffilmie a darlithoedd i'r rhai hŷn. Ma cangen o Blaid Cymru 'co ond sa i wedi joino 'to.'

'Fyddi di'n galw weithia yn y Stwmp?' holodd Cemlyn.

'Nawr ac yn y man. Ma criw cyfeillgar a pheint go lew 'co.'

Wedi iddynt gyrraedd y lôn holodd Alun, 'Faint o bobol y'ch chi'n erfyn?'

'Rhyw ddeg o'r ffyddloniaid a thri neu bedwar o aeloda achlysurol fydd 'na fel arfar,' atebodd Eirlys. 'Dipyn rhagor hiddiw, ella, gan ei bod hi'n daith gynta ar ôl gwylia'r ha ac yn fath o gwarfod cyffredinol i benderfynu ar raglan am y gaea.'

'Pwy yw'r "ffyddloniaid", Eirlys?'

'Cymysgadd, Alun. Ma 'na ddoctor a'i gŵr sy'n Ostrelian, yn IT whizz-kid ac yn siarad Cymraeg yn rhugl; mecanic, gweithwraig gymdeithasol, cyn-brifathro…'

Trodd Eirlys at ei gŵr a holi: 'Be fasa chdi'n galw Iapi?'

'Twlal.'

'Paid â bod mor gas!'

'Ieuan ap Gwilym,' ymhelaethodd Cemlyn wrth iddynt groesi poncen o bont ar gwr deheuol y pentref. 'Mi adawodd y weinidogaeth am ei fod o'n anffyddiwr ac yn alci ond mae o'n dal i bregethu bob Sul am eu bod nhw'n despret am rywun i lenwi'r pulpud a fynta'n despret am fags i brynu lysh.'

Gweinidog ar glwstwr o eglwysi anghydffurfiol yng nghyffiniau Bangor a Chaernarfon. Darlledwr achlysurol ar bynciau moesol a chrefyddol. Aelod milwriaethus o Gymdeithas yr Iaith Gymraeg pan oedd yn iau, gan sefyll ei arholiadau gradd yn HMP Walton. Aelod o Gyngor Gwynedd hyd nes iddo golli ei sedd yn sgil anghydfod ynglŷn â chau ysgolion gwledig. Safodd dros Blaid Cymru mewn tri etholiad cyffredinol a cholli ei ernes bob tro.

'Ond mae o'n gradur annwyl ac yn onast iawn amdano fo'i hun,' haerodd Eirlys. 'Ydw i wedi anghofio rhywun?'

'Dic a Gwenno?'

'Cyfryngis. Gŵr a gwraig,' meddai Eirlys.

'Cyfryngis?' holodd Alun. 'Sa i'n gyfarw'dd â'r gair 'na.'

'Pobol sy'n gweithio yn y cyfrynga,' esboniodd Eirlys. 'Ma Dic yn gyfarwyddwr a Gwenno'n gynhyrchydd. Athrawas ydw i a darlithydd Cymdeithaseg wedi ymddeol ydi Cem.'

'Wedi ymddeol yn gynnar,' pwysleisiodd ei gŵr.

Roedd y Land Rover wedi cyrraedd y briffordd rhwng

Llanberis a Chaernarfon erbyn hyn. Cefnodd ar yr Wyddfa, ei chriw swrth a'i llynnoedd llwyd a throi am Gwm-y-glo.

Pallodd y sgwrs am rai munudau nes i Cemlyn holi: 'Be ddath â chdi i'r pen yma, Alun?'

'Gwaith,' atebodd Alun. 'Rwy'n ennill 'mara menyn fel freelance outdoor activities instructor.'

'Wyt ti'n ca'l dipyn o waith?' gofynnodd Eirlys.

'Rwy wedi ca'l dou gwrs orienteering ym Mhlas y Brenin odd'ar pan ddes i 'ma,' meddai Alun. 'Bydda i'n gneud rhywbeth tebyg yn y Cairngorms lan yn Sgotland 'rwthnos ar ôl nesa.'

'Difyr iawn!' cymeradwyodd Eirlys.

'Ddeudist ti wrtha i ma un o Gwm Cynon wyt ti?' gofynnodd Cemlyn.

''Na'r ardal lle ces i 'ngeni a'n magu,' atebodd Alun. 'Symudes i a 'mrawd 'da Mam i Croydon pan oe'n i yn fy arddege. Diforsodd hi a Nhad yn '86. Un o effeithie Streic y Glowyr.'

'Mi chwalodd y Streic lawar o deuluoedd?' awgrymodd Cemlyn.

'Itha reit. O'dd hi'n amser caled i 'mrawd Glyn a fi. Caled iawn. Ond sdim drwg sy'n ddrwg i gyd, sbo. O'dd sboner Mam – dath e'n ŵr iddi wedyn a ma nhw'n dal yn briod – o'dd e, Steve, yn ddarlithydd yn Croydon Polytech a cymrodd e lot mwy o ddiddordeb yn fy addysg i a Glyn na'n tad ni. Fydden i ddim wedi mynd i'r Uni hebddo fe.'

'I le est ti?' holodd Eirlys.

'Llunden. Graddies i miwn Economeg.'

Pallodd y sgwrs eto wrth iddynt foduro heibio pentref Llanrug ar hyd darn syth o'r ffordd a chaeau llwm o boptu iddo. Yna gofynnodd Cemlyn:

'Faint o help yn dy job di ydi gradd mewn Economeg, Alun?'

'Ma'n help i neud y tax returns, sbo!' atebodd yntau gyda gwên. 'Ma'n stori hir shwt es i miwn i beth fi'n neud nawr. Es i weithio i'r City 'rôl graddio. Adeg y boom ddilynodd y Big Bang. Adeg wyllt iawn. 'Nes i sawl ffortiwn a cholles i sawl un. Yfes i lot, waries i lot. Llosgodd e fi mas yn y diwedd a weles i bod rhaid i fi adael Llunden neu dyna fyddai 'i diwedd hi. Symudes i i Sbaen 'da'n ill-gotten gains. I San Sebastián, yng Ngwlad y Basg. "Donostia", a rhoi 'i enw iawn i'r lle. Brynes i tapas bar 'co. O'dd ddim y syniad gore yn y byd i fachan o'dd jest â bod yn alcoholic. Benderfynes i bod rhaid i fi neud rhywbeth i roi bach o siâp ar 'yn hunan 'to. O'dd diddordeb miwn mynydda, syrffo a caiaco wedi bod 'da fi 'ddar dyddie coleg ac ailgydies i yn hynny, er lles fy iechyd. Ma 'da fi "sytifficets" sy'n rhoi'r hawl i fi ddysgu pobol erell i neud pethach fel'ny.'

'Ydi'r bar yn dal gin ti, Alun?' holodd Cemlyn yn obeithiol.

'Nag yw, Cemlyn. Deffrodd y Basgiaid 'nghenedlaetholdeb i. A fel'ny, a thorri stori hir iawn yn fyr, rwy 'nôl yng Nghymru. Ond miwn rhan o'r wlad sy'n foreign country i fi, a bod yn onest. Fel lot o "Hwntws", feddylies i bod North Wales yn dechre jest tu draw i Merthyr Tudful!'

Llongyfarchodd Eirlys eu cydymaith: 'Mi wyt ti wedi llwyddo i gadw dy Gymraeg yn wych, Alun.'

'Diolch yn fawr, Eirlys. Ma 'Nghymraeg i lot gwell na buodd hi. O'dd Mam a 'nhad-cu yn siarad Cymraeg ac a'th Glyn a fi i ysgolion Cymraeg am rhan fwya o'n haddysg ond Saesneg fydden ni'n siarad 'da'n gilydd ac wedi inni symud i Croydon stopon ni siarad Cymraeg â Mam hefyd. Ond pan ges i... Waeth i fi gyfadde'r gwir, pan ges i'n nervous breakdown, dechreues i fynd i ddosbarthiade Cymraeg yn Llunden. Fel therapi, chi'n deall. Dechreues i siarad Cymraeg 'da Mam 'to. Es i â llyfre a CDs 'da fi i Euskadi. A hapnodd bod un o'n regulars i'n briod â menyw o Lanelli, athrawes o'dd wedi mynd 'co i ddysgu Saesneg. Tales i hi i ddysgu Cymraeg i fi. Nas hi, a'r we, jobyn weddol a'r cwbwl sda fi i neud nawr yw dod yn gyfarw'dd â iaith y Gogledd!'

Treuliwyd gweddill y siwrnai yn trafod gwleidyddiaeth

Cymru ac Euskadi, ffyniant, statws cymharol a rhagolygon y Gymraeg ac Euskara a gwleidyddiaeth gyfoes Sbaen, y Deyrnas Gyfunol, yr Undeb Ewropeaidd, UDA, y Dwyrain Canol a'r byd.

Roedd y rhan fwyaf o'r criw wedi cyrraedd y Nant o'u blaenau. Eisteddent o amgylch y byrddau ar feranda'r caffi dan sgwrsio a sipian te neu goffi. Llepiai'r môr tu ôl i len o darth a giliai'n raddol yng ngwres cynyddol yr haul.

Gwisgent oll siacedi dal glaw graenus coch, glas neu wyrdd ac eithrio Cemlyn a stwcyn cydnerth a'i wallt gwyn fel weiren sgwrio a oedd wedi prynu ei gêr mewn siop Army Surplus.

Emyr Cadwaladr Jones. Mecanic gyda Bangor Autos. *Police record.* Ymuno â'r Fyddin ar ôl gorfod dewis rhwng hynny a charchar. Priodi Hayley Ceridwen Parry yn 1972. Pedwar o blant. Ysgariad yn 1989. Canfasiwr diflino dros Blaid Cymru.

'Alun Griffiths ydi hwn,' ebe Cemlyn wrth ei gyfeillion. 'Gewch chi ddeud wrtho fo pwy ydach chi.'

'Huw,' meddai'r agosaf ato – gŵr canol oed, ei wallt yn britho a sbectol ac iddi ffrâm ddu, awdurdodol ar ei drwyn.

Huw Thomas Pritchard. Prifathro ysgol gyfun wedi ymddeol. Gŵr gweddw a chanddo un mab sy'n byw yn Llundain. Anwleidyddol.

'Angharad,' meddai merch bryd tywyll yn ei thridegau cynnar.

Dr Angharad Gruffydd. Meddyg teulu. Gwraig briod a mam i ddau o blant bach. Cenedlaetholwraig gymedrol.

'Sam,' meddai ei chymar, gŵr ifanc tal, penfelyn.

Samuel Byford Hargreaves, g. Melbourne, Awstralia. Ymgyrchodd dros hawliau'r Aborigines ac yn erbyn corfforaethau mwyngloddio rhyngwladol pan oedd yn fyfyriwr. Cyhuddwyd ef yn y wasg o fod yn 'wrth-Awstralaidd'.

Cyrhaeddodd rhagor o bererinion fel yr âi Alun i mewn i'r caffi i nôl coffi i Cemlyn, Eirlys ac ef ei hun, gan adael y ddau arall i groesawu'r newydd-ddyfodiaid ac i sgwrsio a chellwair gyda'u cyfeillion. Pan ddychwelodd, symudodd pawb i'r ffreutur, eisteddodd y cadeirydd i wynebu'r lleill ac agor y cyfarfod blynyddol, 'er bod rhei yn dal ar eu ffordd'.

Ar gynnig Emyr Jones, a eiliwyd gan Sam Hargreaves, ailetholwyd y swyddogion yn unfrydol.

'Diolch yn fawr ichi am ddangos bod yr hen draddodiad Sofietaidd yn dal yn fyw ac yn iach yn y gornal fach anghysball yma o'r Deyrnas Gyfunol,' ebe'r cadeirydd, gan ennyn y wên draddodiadol ar wynebau ei wrandawyr.

Yna aethpwyd ymlaen at drafodaeth ar raglen o weithgareddau o hynny tan ddiwedd y flwyddyn.

Cytunwyd ar 'Waldo, Niclas a Twm Carnabwth' dan arweiniad Annes Gwynn ym mis Hydref; 'Gweithiau Plwm Dylife a Siartwyr Llanidloes' dan arweiniad y cadeirydd ym mis Tachwedd; 'Castell Dinas Brân a Chlawdd Offa' dan arweiniad Ieuan ap Gwilym fis Rhagfyr; a thaith gerdded ar hyd Llwybr yr Arfordir ym Mhen Llŷn dan arweiniad Cemlyn ac Eirlys ar ddydd Calan.

'Y matar nesa ar yr agenda ydi rhaglan y dydd,' meddai Cemlyn. 'Gan nad ydi 'nghyd-arweinydd i wedi cyrra'dd, mi ddechreuwn ni hebddi, a chan 'mod i'n mynd i sôn am sylfeini daearegol a diwydiannol yr ardal a hitha am yr uwch-adeiladaeth ddiwylliannol, ma hi'n gneud sens i mi siarad gynta beth bynnag.

Gewch chitha gyfrannu at y dilechdyd pnawn 'ma, dros sgram a pheint neu ddau, neu dri, yn y Fic.'

Fel yr amlinellai Cemlyn hanes y Nant a Thre'r Ceiri o ddechreuad amser tan ganol yr ugeinfed ganrif, cyrhaeddodd ei 'gyd-arweinydd'. Roedd hi oddeutu deg ar hugain ac yn drawiadol o bert. Gwisgai siaced wen, a phan dynnodd y *beanie cap* gwyn oddi ar ei phen syrthiodd ei gwallt yn gawod loyw dros ei hysgwyddau.

Annes Gwynn. Cyn-fyfyrwraig i Cemlyn Evans a gweithwraig gymdeithasol. Aelod o Blaid Cymru. Yn 2007, treuliodd bythefnos yn Nicaragua gan gyfarfod ag ymgyrchwyr dros hawliau menywod a hoywon ac aelodau blaenllaw o'r FSLN, y blaid chwyldroadol asgell chwith sy'n llywodraethu'r wlad. Daeth ei pherthynas hi â'r actor Deiniol Gwyrfai i ben ychydig wythnosau cyn iddo gwympo i'w farwolaeth mewn twll chwarel lleol.

Gydag Annes daeth Dic a Gwenno Moses, a oedd newydd ymuno â'r Crwydriaid. Roedd ef oddeutu trigain, hithau ddeng mlynedd yn iau, a gwisgai'r ddau siacedi lledr duon, capiau pêl-fas cochion a jîns. Dilynwyd hwy gan ddwy athrawes Ffrangeg, Cymraes a Ffrances, a dau fyfyriwr, llanc a merch, a oedd yn gwneud ymarfer dysgu yn yr ysgol lle dysgai Eirlys Evans.

Wedi'r drafodaeth fywiog yn dilyn anerchiad y cadeirydd, siaradodd Annes Gwynn am y chwedlau am y brenin Brytanaidd a goffeir yn enw'r fangre ac am yr awdur Owen Wynne Jones (Glasynys) a'i stori enwocaf, 'Priodas yn Nant Gwrtheyrn'. Dyfynnodd rai o ddisgrifiadau Glasynys o'r ardal a 'mynyddoedd hirddaint yr Eifl cilwgus'.

Ar derfyn y drafodaeth ar sgwrs Annes Gwynn daeth y cyfarfod i ben gydag anogaeth y cadeirydd ar i'r aelodau ymweld â'r amgueddfa ac atyniadau eraill y fangre unigryw ac i ymgynnull yn brydlon am 'un, dim hwyrach, os gwelwch chi'n dda, yn y maes parcio wrth droed y Gaer'.

Ychwanegodd cyn i unrhyw un godi o'i sedd:

'O, ia... Cyn ichi fynd. Ŵyr rhywun be 'di hanas Maggie Alexander erbyn hyn?'

'Dim llawar ar ôl iddi gau'i siop a mynd yn ôl i Brighton,' meddai Annes. 'Ges i e-bost gynni hi dipyn wedyn yn deud bod hi'n ôl efo'r boi o'dd hi efo fo cyn dŵad yma a'u bod nhw'n meddwl ymfudo i Ganada, ond mi fownsiodd pob e-bost dwi wedi'i yrru ati hi ers hynny. Ma'n siŵr ei bod hi yng Nghanada.'

Pan adawsant y neuadd, sylwodd Alun ar unwaith ar ethos gynhwysol y Crwydriaid; byddai wastad un neu ddau o'r selogion yn gwmni iddo ef a'r newydd-ddyfodiaid eraill wrth iddynt grwydro o amgylch y safle. Dyna sut y cafodd sgwrs am bêl-droed yn Sbaen a phoblogrwydd John Toshack yng Ngwlad y Basg gyda Huw Pritchard ac Emyr Cadwaladr Jones, am wasanaeth iechyd Sbaen gyda Dr Angharad, am waith y cyfarwyddwr ffilmiau Pedro Almodóvar gyda Dic a Gwenno Moses ac am dynged yr iaith Fasgeg gyda sawl un. Dywedodd Dic iddo dreulio wythnos yn Euskadi ddwy flynedd ynghynt ac iddo glywed bryd hynny am y 'bar Cymreig' yn Donostia. Gresynai nad oedd gofynion ffilmio wedi caniatáu iddo ymweld â'r Dragón Tinto.

Teithiodd Alun o'r Nant i'r llain barcio benodedig gydag Emyr ac Ieuan yng Nghortina coch 1977 dilychwin y mecanic.

'Wyt ti a Cemlyn yn aelode o rhyw vintage car club?' holodd Alun.

'Dydan ni ddim yn geidwadol yn 'yn politics,' chwarddodd Emyr, 'ond mi ydan ni yn 'yn ceir. Hirath am 'radag pan o'dd ceir yn geir a bo chdi'n medru'u trin nhw heb radd mewn electronics.'

'Tydi'r Nant, a'r clogwyni serth, anferthol yna o boptu iddi, fel cadeirlan naturiol?' maentumiodd Ieuan. 'Neu deml baganaidd yn gwynebu'r môr?'

'Dynion nath y lle, er gwaetha natur, Iapi,' anghytunodd Emyr. 'Mi oedd o'n debycach i weithdy nag eglwys pan oedd 'na fynd ar y chwareli a llonga'n dŵad i nôl y setia a hwylio o 'ma hefo nhw.'

'Rwy'n meddwl eich bod chi'ch dau'n iawn,' meddai Alun. 'Pan y'ch chi'n disgwl lan at y clogwyni, ma hi fel bod miwn eglwys Gothig ond, fel gwedest ti, Emyr, dynon nath y lle fel ry'n ni'n weld e heddi, 'da caib a rhaw, morthwylion a "phowdwr du", ys gwedon nhw, a nerth bôn braich.'

Yn y man, wrth i'r Cortina ddringo'r rhiw serth rhwng y pinwydd duon o boptu i'r ffordd, holodd Alun: 'Pwy yw'r fenyw hyn, Maggie, soniodd Cemlyn amdani?'

'Uffar o gesan!' ebychodd Emyr.

'Saesnas,' eglurodd Ieuan. 'Fuo hi'n cerddad hefo ni'n rheolaidd am flwyddyn go lew.'

'Un o'r rhei – prin iawn! – dydi'r otsh gin ti 'u gweld nhw'n dŵad yma,' ychwanegodd Emyr.

'Ddysgodd hi Gymraeg yn reit dda,' meddai Ieuan. 'Fasa hi wedi sefyll dros y Blaid ar Gyngor Bangor tasa hi'n dal yma.'

'Chwith garw inni ar ôl 'rhen Mags,' gresynodd Emyr wrth iddynt gyrraedd y man lle'r oedd y rhan fwyaf o'r ceir eraill wedi eu parcio a'u cyd-gerddwyr yn disgwyl amdanynt.

'Gobeithio cymri di ei lle hi, Alun,' meddai Ieuan.

'You lose some, you win some,' athronyddodd Emyr wrth godi brêc y Cortina.

Erbyn iddynt stryffaglu dros y marian o amgylch y gaer a chyrraedd ei chopa fesul un a dau a thri roedd yr haul ar ei anterth ac wedi ymlid pob rhithyn o gwmwl, niwl a tharth o'r wybren ac oddi ar y weilgi. Gwefreiddiwyd pawb gan ehangder ysblennydd, glas Bae Ceredigion, o Gaergybi i Benfro, a llongyfarchodd y Crwydriaid eu hunain ar gael diwrnod mor braf i ddechrau tymor newydd.

Pan gyrhaeddodd y pererinion olaf – y ddwy athrawes Ffrangeg, a barablai â'i gilydd yn ddi-stop yn yr iaith honno – galwodd Cemlyn bawb at ei gilydd i wrando ar Annes Gwynn yn adrodd ac yn dehongli cerdd enwog Waldo Williams, 'Cofio'. Yna aethant yn grwpiau ac yn unigolion i archwilio'r safle ac i ryfeddu at yr olygfa.

Pan daniodd Emyr, Ieuan a Cemlyn sigaréts, gadawodd Alun hwy a thramwyo'r copa yn hamddenol at gwr gorllewinol y gaer i syllu dros y môr yn y gobaith o weld bryniau Iwerddon.

'Tydi hi'n fendigedig yma?' meddai llais benywaidd tu ôl iddo.

Trodd ac fe'i dallwyd gan eurgylch y llywethau a wrthryfelai yn erbyn caethiwed y cap gwlân gwyn. Syfrdanwyd ef gan dlysni'r wyneb, a'r ddau lygad cyn lased â'r awyr a'r môr. Daeth y gair 'angylas' a seiniau hen alaw i'w feddwl.

'Ydi… ma hi… Annes…' myngialodd. 'Bendigedig…'

Tawodd a rhythu ar yr eangderau glas cyn ychwanegu'n chwithig, 'Joies i'r farddonieth adroddoch chi.'

'Feddylis i byddai "Cofio" yn addas i'r achlysur,' meddai Annes. 'Meddylia. Mi alla dyn a dynas fod wedi sefyll yn fan hyn dair mil o flynyddoedd yn ôl yn syllu ar yr un olygfa.'

'Roe'n nhw'n bobol itha gwahanol i ni, sbo?'

'Yn gorfforol. Fasa chdi a Cemlyn yn gewri yn eu plith nhw, ond faswn i'n reit normal. Mi oeddan nhw'n fwy gwareiddiedig na ni.'

'Shwt 'ny?' holodd Alun yn anghrediniol.

'Mi oedd eu ffordd o fyw nhw wedi'i seilio ar gydweithio, tra'n bod ni'n ca'l 'yn gyrru gan gystadleuaeth a hunanoldeb.'

'So chi'n rhamantu nawr?'

'Sut arall fasan nhw wedi medru cyfanheddu lle fel hyn a byw mor glòs at ei gilydd? Ac at natur a'r elfenna.'

Pan gydiodd Annes yn ei law a'i orchymyn 'Tyd!', llifodd trydan drwy ei gorff.

'I ble?' holodd Alun yn hurt. 'Odyn ni'n madel?'

'Dim nes byddi di wedi mynd drw'r Porth.'

'Pa borth?'

'Nacw,' meddai Annes gan ollwng ei law a phwyntio at fwlch sgwâr yn un o furiau'r adfail.

Dilynodd Alun hi'n ufudd at y fynedfa fegalithig.

'Dos drwyddo fo,' gorchmynnodd Annes.

'Odi e'n dod â lwc dda? Fel y Blarney Stone?'

'Gwers hanas am ddim iti,' chwarddodd Annes a'i wthio drwy'r twll yn y wal. 'Fydd raid iti blygu fel bydda dy gyndada "anghofiedig" di'n gneud, filo'dd o flynyddo'dd yn ôl.'

Wedi i bawb gael eu gwala o wledda ar yr olygfa, cychwynnodd Cemlyn ac Eirlys yn ôl am y ceir a dilynodd y lleill hwy.

Disgynnodd Alun ac Annes o'r copa gyda'i gilydd gan sgwrsio pan ganiatâi y dirwedd hynny.

'Athrawes wyt ti, Annes?' gofynnodd Alun.

'Gweithwraig gymdeithasol.'

'Social worker?'

'Ia.'

'Talcen caled?'

'Ar adega.'

'Ond jobyn gwerth chweil?'

'Rydan ni'n lecio meddwl hynny.'

'Shwt fath o bethach chi'n neud?'

'Bwriad y prosiect sy'n 'y nghyflogi i ydi arbad pobol ifanc sy'n byw, neu wedi'u magu, mewn amgylchiada anodd rhag mynd odd'ar y rêls yn llwyr ac achosi problema gwaeth iddyn nhw'u hunain a phawb arall. Fydda i'n cynnal dosbarthiada coginio efo plant yng ngwaelodion academaidd ysgolion cyfun i drio'u ca'l nhw i fyta'n iach a dysgu edrach ar ôl eu hunain.

Ma gin i ddau gylch mama ifanc ar ddwy stad yng Nghnarfon. Cyfla iddyn nhw gymdeithasu a dysgu sgilia IT helpith nhw ga'l gwaith. Ma Sam, gŵr Angharad, wedi rhoid lot o help inni. Be amdanat ti? Dysgu Saeson i ddringo mynyddoedd a chanŵio, medda Eirlys?'

'Rhywbeth fel'ny.'

'Ma hyn yn "busman's holiday" i ti felly?'

'Dim shwt beth. Fi yw'r athro pan fi yn y gwaith, ond disgybl odw i heddi. Rwy wedi dysgu shwt gyment yn barod wrth wrando arnot ti a Cemlyn. A'r criw i gyd, a gweud y gwir. Fi wedi treulio'r rhan fwya o 'mywyd tu fas i Gymru, ti'n gweld, Annes, a sa i'n gwbod lot amdani, ma cwilydd 'da fi weud. Ma'n gneud lles i 'Nghymraeg i 'fyd. Rwy wedi clywed lot o eirie heddi bydd rhaid ifi ddisgwl lan yn y geiriadur!'

Pan gyraeddasant y ceir, dywedodd Alun wrth Emyr fod Annes wedi cynnig lifft iddo i'r dafarn.

'Wela i'm bai arnach chdi,' ebe Emyr gyda winc a gwên awgrymog. 'Ma'r Mini Cooper lot smartiach na'n siandri i!'

Wrth iddynt deithio tua'r dafarn, holodd Alun Annes ymhellach am ei gwaith ac am weithgareddau'r Crwydriaid. Pan ganfu hi fod ei chydymaith yn wybyddus â'r rhan fwyaf o brif fudiadau amgylcheddol Ewrop, holodd ef yn eiddgar am eu hamcanion a'u hymgyrchoedd.

Yn y dafarn, dros ginio hwyr, cwrw, gwin a diodydd dialcohol, parablai'r Crwydriaid yn afieithus ar bynciau personol, diwylliannol, amgylcheddol, ieithyddol a gwleidyddol. Fel y gweddai i newydd-ddyfodiad, gwrando ar y clebar difyr gyda diddordeb cwrtais a wnaeth Alun hyd nes i'r gwrywod ddechrau trafod y tymor pêl-droed newydd. Datgelodd ei deyrngarwch i Arsenal wedi i Emyr arddel Lerpwl a Huw Pritchard Everton. Gwawdiodd Cemlyn y cenedlaetholwyr Cymreig a wnâi eilunod o dimau pêl-droed Seisnig a brynwyd gan filiwnyddion Americanaidd, neu, yn waeth fyth, Rwsiaid a oedd wedi ysbeilio gwerin eu gwlad o adnoddau naturiol a diwydiannau a fu gynt yn eiddo iddi.

Cytunodd Dic Moses â Cemlyn a datgan mai Boca Juniors, clwb Diego Maradona, a 'sodrodd y Saeson efo help llaw Duw yng Nghwpan y Byd 1986' oedd ei glwb o ar ôl ymweliad â'r Bombonera yn Buenos Aires pan fu'n ffilmio yn y Wladfa.

Arweiniodd cefnogaeth Alun i Athletic Bilbao yn hytrach nag i Real Sociedad at lu o gwestiynau am Euskadi, profiad Alun o fyw yno, rhagolygon y Mudiad Cenedlaethol, tynged yr iaith a Chymreictod John Toshack. Roedd ei atebion mor gefnogol i'r achos cenedlaethol nes i Emyr holi:

'Be nath ichdi ddŵad o'no, Alun? Faswn i wrth 'y modd yn cadw pyb mewn gwlad lle ma gin y bobol ddigon o asgwrn cefn i gwffio drosdi.'

'Hirath?' awgrymodd Angharad.

'Dim fel'ny, a bod yn onest,' cyfaddefodd Alun. 'Nago'n i wedi byw yma 'ddar o'n i'n grwt a dim ond â "South Wales" a bach o "West Wales" o'n i'n gyfarw'dd. O'n i'n bwriadu dod nôl, ond ddim mor glou.'

'Fodan?' holodd Emyr.

'Shwt?'

'Dynas,' esboniodd yr holwr. 'Ryw ddynas isio ichdi ddŵad adra?'

'Nage, Ems…'

'Neu bo chdi wedi rhoid clec i un draw yno!'

'Pwno menyw ti'n feddwl?'

'Rhoid cyw iddi,' esboniodd Emyr dan chwerthin, gan ennyn beirniadaeth swnllyd a chyffredinol.

'Dwyt ti'n sglyfath secsist,' arthiodd Cemlyn.

'Ia, callia!' cynghorodd Ieuan yn hunangyfiawn.

'Dim byd fel'ny, Emyr,' meddai Alun. 'Yn y diwedd o'dd dim dewis 'da fi… O'dd dewis, falle… ond… Wel… Clywch… Ar ôl byw yn Donostia am sbel, es i'n fwy a mwy cefnogol i Herri

Batasuna, o'dd yn cefnogi ETA fel ma Sinn Féin yn cefnogi'r Provos. Falle bydd rhai ohonoch chi'n meddwl bod hynny'n eithafol, ond 'na shwt o'n i'n teimlo. Wel... dechreues i ga'l hate mail. A'th rheini'n wa'th a ches fygythion y bydden nhw'n 'yn lladd i. A phan fomiwyd y bar... benderfynes i bod hi'n bryd ifi madel. Teimles i'n rial cachgi ond o'dd 'yn ffrindie i am ifi fynd. "Os wyt ti am fod yn ferthyr, cer i fod yn un yn dy wlad dy hunan," medden nhw. Tair wthnos wedi ifi madel gas y boi wedodd 'na wrtho i a dau ffrind arall eu lladd gan y GAL, y death squad Sbaenaidd. Athrawon Basgeg ail-iaith oe'n nhw ond plantodd y diawled fomie yn eu car nhw a gweud taw shoot-out rhwng y polîs ac ETA o'dd hi.'

Cynhyrfwyd y gwrandawyr gan yr hanes ac aeth Ieuan ac Emyr ati i daeru o blaid ac yn erbyn y dull di-drais.

'Lle wyt ti'n sefyll ar y cwestiwn hwnnw, Alun?' holodd Cemlyn.

'Nag wy'n heddychwr,' addefodd Alun. 'Nag wy'n filitarydd chwaith. Ond rwy'n credu bod 'da pob gwlad hawl i ymladd dros ei rhyddid pan mae dullie democrataidd wedi ffaelu...'

'Clywch, clywch!' cymeradwyodd Emyr.

'... a dyna'r sefyllfa yn Euskadi, am fod Ffrainc a Sbaen wedi stopo'r Basgiaid rhag ymgyrchu'n wleidyddol dros undod ac annibyniaeth, ac wedi carcharu'r activists,' meddai Alun. 'Fi'n falch bod cadoediad 'co nawr fel na fydd rhagor o'n ffrindie i'n colli eu bywyde.'

Erbyn iddynt adael y dafarn i ryfeddu at fachlud godidog, a chyn troi am adref, roedd Alun wedi llenwi ffurflen aelodaeth y Crwydriaid a thalu ugain punt i Huw Pritchard.

'Gan bo chdi'n sgut am y bêl gron, Alun,' meddai'r trysorydd wrth ddodi'r arian yn ofalus yng nghefn ei waled, 'sgin ti ffansi dŵad hefo fi i weld Man U yn chwara adra rywbryd rhwng rŵan a'r Dolig?'

'Bydden i'n dwlu, Huw,' atebodd Alun. 'Pa mor rhwydd yw cael tocyn?'

'Gad ti hynny i mi,' meddai Huw Pritchard. 'Ma gin ddau o'n ffrindia i – dau gyn-brifathro arall, fel ma'n digwydd – dicedi tymor fydd arnyn nhw mo'u hangan bob tro bydd 'na gêm yn Old Trafford.'

Derbyniodd Alun y cynnig gyda diolch.

Derbyniodd hefyd wahoddiad gan Annes ac Angharad i fynd gyda hwy i gyfarfod o'r mudiad gwrth-niwclear PAWB (Pobol Atal Wylfa B) y nos Fercher ganlynol, a gan Emyr i ymuno ag o am beint yn un o dafarnau Caernarfon ar y nos Wener.

Wrth i'r Land Rover gychwyn o'r dafarn ac Eirlys wrth y llyw, diolchodd Alun i'w gymdeithion am 'ddiwrnod hyfryd. Diwrnod unigryw.' Dywedodd Eirlys wrtho fod croeso iddo 'ddŵad â ffrind efo chdi os byddi di am ddŵad eto. Ddim raid iddyn nhw fedru siarad Cymraeg, dim ond derbyn na dim ond Cymraeg fyddwn ni'n siarad hefo'n gilydd.'

'Dyna sut dysgodd Maggie Alexander Gymraeg mor dda,' sylwodd Cemlyn. 'Fynnodd hi na dim ond Cymraeg oeddan ni i siarad hefo hi.'

'O'dd 'da fi ddim ffrindie yn y rhan hyn o'r byd tan heddi, Eirlys,' meddai Alun.

'Sgin ti "significant other" yn rhwla arall?' holodd hithau'n slei.

'Nag oes, Eirlys, sda fi ddim neb fel'ny. Ddim ar hyn o bryd,' meddai Alun, a thinc yn ei lais yn atal Eirlys rhag busnesu rhagor.

Wrth iddo gerdded tua Tyddyn Adda ar ôl i Eirlys a Cemlyn ei ollwng ger ceg y lôn drol, meddiannwyd Elwyn gan deimlad braf ac anghyfarwydd. Tybiai mai hapusrwydd ydoedd.

Sobrodd wrth sylweddoli bod serchogrwydd busneslyd

ei gyd-wladwyr wedi peri iddo anufuddhau i dair o reolau'r Special Duties Squad:

Paid â dweud dy hanes i gyd yr un pryd.

Paid ag anghofio mai targedau yw dy gymrodyr ac nid cyfeillion.

Paid â syrthio mewn cariad.

Teimlai fod ganddo hawl i anwybyddu'r drydedd reol, ac yntau wedi aberthu bywyd teuluol confensiynol a diddanwch emosiynol ar allor y Gwasanaeth.

Therapi oedd hyn, beth bynnag, nid *deployment* go-iawn. Gwyliau, nid gwaith. Hwyl ddiniwed.

Roedd wedi mwynhau bod yn Alun Griffiths yng nghwmni'r Crwydriaid Coch a Gwyrdd. A pha ddrwg oedd yn hynny? Doedd rhain ddim byd tebyg i ffyliaid peryglus yr ALF a'r SWP.

Cofiodd amdano'i hun yn parhau â'i garwriaeth â Charlene Rivers o Gilfynydd, er ei fod wedi blino arni, er mwyn cynddeiriogi ei dad.

'Mi dynnith chdi i lawr i'w lefel hi a'i theulu!' rhuodd Ednyfed Lloyd-Williams pan ddychwelodd ei fab adref amser cinio rhyw ddydd Sul o barti yng nghartref Charlene.

'Ma hi'n tynnu fi lan, Dad. Fi'n caru hi a ma hi'n caru fi.'

'Be wyddost ti am gariad?'

'Dim lot, ond ma Charlene yn dysgu lot ifi. Sa i'n moyn cino, Mam. Fi newydd gael brecwast yn y gwely,' meddai Elwyn cyn ymneilltuo i'w lofft.

Drannoeth, wedi oedfa'r bore ym Methel, anfonodd adroddiad am ei ymweliad â Nant Gwrtheyrn at ei reolwr, ynghyd â chyfieithiadau o bytiau o'r sgyrsiau a recordiwyd gan yr oriawr Casio ar ei arddwrn.

'Excellent!' llongyfarchodd y rheolwr. 'A very positive start to the deployment.'

Môn

CYRHAEDDODD ALUN Y Cei Llechi ugain munud yn gynnar. Parciodd ei gar a'i gefn at y castell a'i wyneb at yr afon a meddwl am Annes Gwynn. Bu'n gwneud hynny yn ymwybodol ac yn anymwybodol er pan welodd hi gyntaf, yr haul yn ei gwallt, trydan yn ei chyffyrddiad a diffuantrwydd yn ei gwên.

Syllodd drwy hwylbren a chortynnau'r cwch a oedd wrth angor ddwylath o'i flaen at y goedlan ar lan bellaf yr afon. Daeth dyn o'r cwt hir ar lan y dŵr. Pwy oedd e? Beth oedd yn y cwt? Clodd y dyn ddrws y cwt a cherdded ychydig gamau at y pic-yp du – Toyota? – gerllaw. Roedd cwdyn bychan glas yn ei law chwith. Beth oedd yn hwnnw? Aeth y dyn i mewn i'r car a gyrru i fyny lôn goediog, gul, o olwg y gwyliwr.

Ysgytwyd Elwyn o'i bensyndod gan gnoc ar y ffenest. Gwelodd wyneb siriol Sam Hargreaves yn tywynnu arno.

'Sori bod ni'n hwyr,' ymddiheurodd yr Awstraliad wrth i Alun ddod o'i gar.

'Dim ond munud neu ddwy,' atebodd Alun gan edrych ar ei watsh. 'Wyt ti'n dod 'da ni, Sam?'

'Gynigiodd mam Angharad warchod inni. Cynnig allan ni mo'i wrthod.'

Ystyriodd Alun oblygiadau'r datblygiad wrth i Sam ei dywys at Volvo mawr llwyd, teuluol, telynol. Gwnaeth ei orau i guddio'i deimladau pan ddywedodd Sam: 'Gobeithio bod dim ots gin ti ista yn y cefn hefo Annes?'

'Braint ac anrhydedd!' atebodd Alun yn llon. 'Shwt y'ch chi heno, ferched?'

'Iawn, Alun! Sut wyt ti?' meddai'r ddwy gyda'i gilydd.

Synhwyrodd nerfusrwydd eu hymateb.

'Sut ddwrnod gest ti hiddiw?' holodd Angharad fel y llywiai'r car oddi ar y cei a rowndio'r castell.

'Itha da,' atebodd Alun. 'Es i lan i Blas y Brenin i baratoi cwrs orienteering ar gyfer cryts o Fanceinion. A'th popeth yn hwylus. Dim ond gobeithio bydd y tywydd cystal â geson ni yn Nhre'r Ceiri.'

Cytunodd y tri arall ei fod yn 'ddyn lwcus iawn' yn ei swydd, cyn mynd ati i gwyno am eu gorchwylion llai pleserus eu hunain: Sam yn ceisio datrys problem gyfrifiadurol anystywallt, Angharad yn ceisio iacháu anhwylderau dychmygol dynes a alwai'n 'Helen Heipo' ac Annes yn ceisio delio â 'problema go-iawn' un o'i 'chleientiaid'.

'Ma Sam ac Angharad wedi 'nghlwad i'n sôn fwy nag unwaith am Bethan,' meddai Annes wrth iddynt ddod i olwg y Fenai eto ar gwr dwyreiniol y dref.

'Honno sy'n crio drw dydd?' holodd Angharad.

'Tasat ti'n gwbod hannar ei hanas hi i gyd, fasat ti'n dallt pam,' meddai Annes. 'A bob tro fydd ei mam hi'n crio, mi fydd Joelly, ei hogan bach hi, yn gneud 'run fath. Wedyn mi fydd Bethan yn sgrechian gweiddi ar Joelly i gau ei cheg nes bydd y ddwy'n crio saith gwaeth. Ond ma Beth wedi gwella dipyn yn ddiweddar, neu mi oeddan ni'n meddwl ei bod hi, a dyna pam gytunodd Lona – hi ydi'r ora o'r mama, ma hi'n grêt, newydd drefnu trip i Alton Towers iddyn nhw a'r plant a ma hi am fynd â nhw i Disneyland Paris flwyddyn nesa... Beth bynnag, ddeudodd Lona basa hi'n edrach ar ôl Joelly am ddwyawr neithiwr i Bethan fedru mynd allan am beint hefo'i mêts. Ond ddoth y gnawas ddim adra tan amsar cinio hiddiw, naddo? Pan gyrhaeddis i fflat Lona, roedd hi a Bethan jest iawn yng ngyddfa'i gilydd, a fasa hynny ddim y tro cynta. A finna fel rhyw reff rhyngddyn nhw! Ma isio gras!'

Aeth y sgwrsio ymlaen yn rhwydd a hwyliog wedyn, gydag

Alun yn cyfrannu sylwadau ynglŷn â phroblemau cymdeithasol Sbaen, a oedd wedi gwaethygu'n ddybryd yn ystod y dirwasgiad diweddar – cyffuriau, puteiniaeth a mewnfudo anghyfreithlon o Affrica.

Wrth iddynt adael lôn y Faenol i groesi Pont Britannia, trodd Angharad y llyw yn siarp gan beri i ysgwyddau a breichiau'r ddau yn y cefn ddod i gyffyrddiad â'i gilydd. Roedd y Volvo yn Sir Fôn cyn iddynt ymwahanu.

Daeth oddeutu dau gant a hanner o bobol o bob cwr o Fôn, Arfon a thu hwnt i'r ganolfan ddiwylliannol yng Nghaergybi. Clywsant y prif siaradwr yn rhybuddio na ddylid gweld penderfyniad cwmnïau Ffrengig a Tsieineaidd i roi'r gorau i'w bwriad i godi ail orsaf niwclear yn yr Wylfa fel buddugoliaeth derfynol. Daethai tystiolaeth i law, yn ôl y prif siaradwr, fod y cwmni Siapaneaidd a oedd yn berchen ar orsaf ddrwg-enwog Fukushima â diddordeb yn y prosiect a bod llywodraethau'r Deyrnas Gyfunol ac UDA a'u banciau ynghyd â gwleidyddion lleol o bob lliw gwleidyddol yn gefnogol. Cyhoeddwyd enwau'r amlycaf o'r niwclearwyr brodorol ac anghymeradwywyd hwy yn swnllyd ac unfrydol.

Ymhlith y siaradwyr eraill o'r llwyfan roedd ffarmwr lleol a wrthodai werthu ei fferm i'r datblygwyr, cwmni Horizon, a llenor a bryderai y byddai ail orsaf niwclear yn cynyddu'r mewnlifiad Seisnig. Galwodd hynny'n 'garthu ethnig diwydiannol'.

Syfrdanwyd y cuddwas pan gyhoeddodd un o'r siaradwyr o'r llawr: 'Eilian Parry ydi'n enw i a mi ydw i'n ffarmio Corlas yn ardal Rhos-y-bol efo Nhad, ffarm sy wedi bod yn 'yn teulu ni ers pum cenhedlaeth. Fydda Wylfa B ddim yn cymryd tir oddi arnan ni ond mi fydda'n effeithio ar burdeb cynnyrch amaethyddol Môn a harddwch naturiol yr ynys, sy'n gymaint o atyniad i ymwelwyr.'

Aeth y siaradwr ifanc rhagddo yn yr un cywair am rai

munudau a chymeradwywyd ei sylwadau yn frwd pan eisteddodd.

Cofnododd y cuddwas enwau a safbwyntiau'r siaradwyr, yn ogystal â sylwadau ymgyrchwyr dros nifer o wahanol bleidiau a mudiadau gwrth-niwclear, amgylcheddol ac ieithyddol y bu'n sgwrsio â hwy ar derfyn ffurfiol y cyfarfod. Hepgorodd Eilian Parry.

Derbyniodd Alun Griffiths wahoddiad gan gymdeithas lenyddol yn Nyffryn Ogwen i annerch ei haelodau ar 'Iaith a Diwylliant Gwlad y Basg' a chan gangen Prifysgol Bangor o Blaid Cymru i sôn am 'Brwydr y Basgiaid dros Ryddid'.

Wrth i'r drafodaeth ar y materion a godwyd yn y cyfarfod fynd rhagddi yn y Volvo ar y ffordd adref, holodd Sam Hargreaves: 'Faint o orsafoedd niwclear sydd yn Euskadi, Alun?'

'Un,' atebodd Alun, 'godwyd flynydde 'nôl miwn lle o'r enw Lemoniz, ond sy ariôd wedi cynhyrchu folt o drydan.'

'Pam?' holodd Angharad.

'Cafodd ei chau cyn iddi ddechre oherwydd gwrthwynebiad y Basgiaid. Deisebe a channoedd o filoedd o enwe arnyn nhw, cyfarfodydd cyhoeddus a ralïe anferth. Streics a phrotestiade ym mhobman...'

'Gwych!' ebychodd Annes, cyn i Alun ddiweddu'r frawddeg gyda:

'... ond ma'n debyg taw bwledi a bomie ETA ddath â'r prosiect i ben. Buodd llawer o gidnapo a saethu.'

Enynnodd hynny 'O...' siomedig gan Annes a 'Dyna'r unig iaith mae cyfalafiaeth yn ddallt!' gan Sam.

'Wyt ti'n meddwl hynny, Alun?' holodd Annes.

'Rhaid iti gofio taw cyfnod dictatura Franco o'dd hynny, a'r ceidwadwyr ddilynodd e, ac oe'n nhw ddim gwell. A'r ddwy ochr, y Llywodraeth ffasgaidd a'r rhai o'dd yn ymladd yn ei herbyn hi, yn gneud pethach ofnadw. Ma'n agwedd i at armed struggle a non-violence yn itha whit-what a chymysglyd, a gweud y gwir. O'dd hi'n hen bryd i'r wmladd yn Euskadi ddod i ben fel bod y cenedlaetholwyr sy'n cefnogi ETA a'r rhai sy ddim yn dod at ei gilydd i drafod. Ma gormod o bobol dda wedi marw'n ifanc. Sonies bo fi wedi colli ffrindie gas eu lladd gan y Grupos Antiterroristas… Wel, o'dd un o'r tri yn fwy na ffrind i fi… Mariasun o'dd ei henw hi…'

Tawodd Alun, dan deimlad. Sylwodd Annes ar ei ddagrau a chydiodd yn ei law a'i gwasgu. Gwasgodd yntau ei llaw hi.

Daeth Alun ato'i hun yn y man a holi: 'Fydd y Crwydriaid yn cymryd rhan mewn protestiade?'

'Rydan ni wedi cefnogi'r ymgyrch yn erbyn Wylfa B – o'r dechra cynta,' atebodd Angharad, 'a mi geuthon ni lond bỳs i fynd i lawr i Ferthyr i brotest yn erbyn opencast Ffos-y-frân.'

'Fuo rhei ohonan ni yn Rossport, County Mayo,' meddai Sam.

'Yn protesto yn erbyn y Shell refinery!' meddai Alun. 'Bues i 'co'n hunan.'

'Sut driniath gest ti gin y Gards?' holodd Angharad.

'Bach yn rwff…'

'Fuon nhw'n ddiawledig o "rwff" hefo ni,' meddai Angharad. 'Cymry bach diniwad yn meddwl bod pob Gwyddal yn hen foi iawn! Oeddan nhw fel anifeiliaid gwyllt!'

'Chath Ems mo'i synnu,' meddai Sam a dynwared y Cofi: '"Slob ydi slob, ia!"'

'Ges inna brofiad tebyg pan es i i Faslane efo Maggie i brotestio yn erbyn Polaris,' meddai Annes. 'Gaethon ni'n "tegellu" – os na dyna'r gair am gannoedd o blismyn yn gwasgu protestwyr i le cyfyng a'u cadw nhw felly am oria. Ar ôl dwyawr, gath Maggie lond bol. "Cnychu hyn am ehedydd!" medda hi. "Pretendio ffeintio, Annes!" "Be ti'n feddwl, Mags?" medda fi. "Fuck this for a lark!" medda hitha. "Pretend to faint and I'll tell the cops that you've had a fit and you're pregnant and if they don't let us two out you'll die and your blood and your baby's will be on their hands!" A mi gaethon fynd!'

'Cesan ar y naw oedd Maggie!' meddai Angharad. 'Gath Ems a Huw P dipyn o anturiath pan aethon nhw hefo hi i Bradford i'r brotest yn erbyn y BNP.'

'Beth ddigwyddodd?' holodd Alun.

'Gofyn i Ems tro nesa gweli di o!' oedd ateb Angharad. 'Ddeudith o'r hanas yn well na fedrwn i.'

Wrth iddynt ddynesu at y castell, cofiodd Annes rywbeth.

'Mae 'na ffilm Sbaenaidd, *Pan's Labyrinth,* yn y Galeri nos Ferchar nesa. Wedi ca'l adolygiada da iawn. Sgin rhywun ffansi dŵad i'w gweld hi hefo fi?'

Ciledrychodd Angharad ar ei gŵr ac meddai: 'Nos Ferchar? Sori, Annes. Ma gin Mam Merched y Wawr.'

'Fi wedi clywed amdano fe,' meddai Alun. 'Fi'n credu taw *El laberinto del fauno* odi e yn Sbaeneg. Mae e am y cyfnod ar ôl y Rhyfel Cartref. Lecen i weld e, Annes.'

Y Mona

'MA GIN I lot o le i ddiolch i'r British Army,' meddai Emyr ym mar y Mona y nos Wener ddilynol. Roedd ar ei drydydd peint o Bass tra sipiai Alun ei beint cyntaf o *lager shandy*.

'Ddysgodd 'Rarmi fi i edrach ar ôl 'yn hun. Dyna sut dwi'n hapus yn byw fel hen lanc. Fedra i gwcio, cadw fi'n hun, y tŷ a 'nillad yn lân a'u trwsio nhw. DIY – dim problam, bach na mawr. Dysgu imi barchu'n hun, ia? Be doeddwn i ddim yn neud o blaen. O'n i fel anifail, a deud y gwir, Alun. Yn 'Rarmi ddysgis i fod yn fecanic.'

'Am faint fuest ti yn y Fyddin, Emyr?' gofynnodd Alun tra drachtiai hwnnw weddill ei beint.

'Deng mlynadd, Alun. Oeddan nhw isio imi seinio am fwy. Faswn i wedi ca'l 'y ngneud yn sarjant taswn i wedi seinio am igian. Wrthodis i.'

'O't ti wedi ca'l llond bola?'

'Ddim ar 'Rarmi o'dd y bai. Fi o'dd wedi newid. O'dd dau o'n mêts gora i wedi joinio Blaid Bach. "Be s'an ti, cew, yn cwffio efo Byddin Lloegar yn erbyn Gwyddelod? Celts, fath â ni!" Dyna be fyddwn i'n ga'l pan fyddwn i adra ar leave ac yn ca'l peint hefo nhw fel ydan ni rŵan. Cega'n ôl 'nes i i ddechra, ia, a chwffio 'dat waed unwaith. Tu allan i'r pyb yma. Ond gath be ddeudon nhw effaith arna i. 'Nes i dri tour of duty yng Ngogladd Werddon. Tro cynta, jest job oedd hi. Cadw dwy set o Padis rhag lladd ei gilydd. 'Rail dro, o'n i'n dallt y dalltings, fel byddan nhw'n deud, ac yn gwbod ddylan ni ddim bod yno'n hambygio pobol. Trydydd tro, ddeudis i 'mod i am madal. Oedd 'yn officers i o'u coua. Edliw bod 'Rarmi wedi 'nghodi i o faw isa'r doman a rhoid crefft imi. A mi o'dd hynny'n wir. Fel deudis i, gynigion nhw 'ngneud i'n sarjant. Wyddost ti be naethon nhw pan wrthodis i? 'Yn symud i i Crossmaglen! Wyddost ti lle ma fan'no?'

'Ar y border 'da'r Republic, ife?' meddai Alun.

'Bandit country go-iawn,' meddai Emyr. 'A gorod byw mewn twr mawr, hyll a dega o IRA o'n cwmpas ni'n bachu pob tsians i'n saethu ni. 'Yn job i oedd maintenance y Land Rovers a'r armoured cars aballu ac os bydda 'na un yn torri lawr yng nghanol y wlad, fasan nhw'n mynd â fi allan ato fo a 'ngadal i yno i drwsio fo. Oedd yr uffernols yn gobeithio basa'r IRA yn dwad heibio ac yn 'yn saethu i. Mi ges ddau fis o hynny. Jest imi â disertio, wir Dduw. Sbydu hi dros y border. A mi faswn i 'di gwneud 'blaw bo fi'n gwbod byswn i on the run am weddill 'yn oes.'

'Wedodd Annes ac Angharad pan es i 'da nhw i Gaergybi pwy nosweth bod ti wedi bod miwn sefyllfa go dwym yn Bradford sbel yn ôl?' meddai Alun.

'"Sefyllfa dwym" ddeudist ti? Uffernol o dwym, Alun! Maggie Alexander berswadiodd Huw Pritch a fi i fynd hefo hi i brotestio yn erbyn y BNP. Oedd 'na gannoedd ohonyn nhw, milodd ohonan ni, a milodd o slobs yn cadw ni ar wahân fel gnes i yn Belffast a Derry. O'dd hi'n rhyfal yn Bradford, Alun. Jest cynddrwg â Werddon. Erbyn diwadd pnawn, feddyliodd Huw a fi bod hi'n amsar inni droi am adra a dyma ni i'r maes parcio lle oedd o wedi gadal ei gar. Be welon ni ond llond bỳs o ffashists. Dyma Maggie'n sbydu hi am y stryd a dwad yn ôl hefo haid o Bacistanis a dechreuodd rheini bledu'r bỳs hefo cerrig a brics o siop wedi'i fandaleiddio. O'dd Pritch wedi dychryn. Finna hefyd, a deud gwir, er bo fi'n taflyd cerrig at y bỳs. "Come on, Hughie, enjoia dy hun!" medda Maggie a mi ddechreuodd Pritch bledu'r bastads. Fynta'n hedmastyr wedi riteirio! 'Mhen rhyw ddeg munud, gyrhaeddodd y slobs a mynd i'r afa'l efo'r hogia ifanc. Sleifion ni am adra i Gymru cyn i neb ofyn inni be oeddan ni'n da yno.'

Daeth sesiynau nos Wener gydag Emyr a rhai o'i ffrindiau yn rhan o batrwm wythnosol Alun. Mwynhâi gwmni'r Gogs gwerinol, ffraeth, er eu bod yn gwawdio ei dafodiaith a chymedroldeb ei ddiota. Gwrthodai gynnig Em o wely 'er mwyn ichdi ga'l lysh go-iawn' gydag esgusodion megis 'Fi'n gorffod cychwyn am Gernyw whech o'r gloch bore fory. Well bod 'y mhen i'n glir', neu 'Fi'n mynd â cryts mas ar Lyn Padarn miwn caiacs. Sa i'n moyn colli un er taw Saeson y'n nhw!'

Y Galeri

CYFUNA *EL LABERINTO del Fauno*, ffilm y cyfarwyddwr Mecsicanaidd Guillermo del Toro, realaeth gignoeth â ffantasi chwedl dylwyth teg. Lleoliad y ffilm yw mynydd-dir gogledd Sbaen lle'r oedd herwyr comiwnyddol yn dal i ryfela yn 1944 yn erbyn gwladwriaeth ffasgaidd yr unben Francisco Franco. Y prif gymeriad yw Ofelia, geneth y priododd ei mam weddw â'r Capten Vidal, a benodwyd i arwain cyrchoedd yn erbyn y gwrthryfelwyr a'u difa hwy a'u cefnogwyr.

Ger y gwersyll milwrol lle triga'r Capten Vidal a'i deulu, ceir labyrinth a orchuddir gan lwyni, drain a mieri. Mentra Ofelia iddi a chanfod ei bod yn arwain at deyrnas danddaearol a lywodraethir gan yr Ellyll, creadur grotésg a brawychus ei ymddangosiad. Camgyfieithiad yw 'Pan', yn ôl y cyfarwyddwr, gan nad y duw Groegaidd mohono.

Myn yr Ellyll fod Ofelia yn cyflawni cyfres o dasgau anodd ac arwrol. Yr olaf o'r rhain yw achub bywyd ei brawd newydd-anedig ar draul ei bywyd hi ei hun.

Cyfareddwyd Annes gan y ffilm. Gwelai debygrwydd rhwng teyrnas yr Ellyll ac Annwfn y Mabinogi. 'Nid Uffern ydi Annwfn,' meddai wrth iddi hi ac Alun sgwrsio yn y bar. 'Cysyniad cyn-Gristnogol ydi o. Byd y dychymyg. Cynneddf sy'n gweld bob dim yn gam ac o chwith ond yn iawn, os fedri di ddallt be dwi'n drio'i ddeud. Negas y ffilm ydi bod y dychymyg yn galluogi pobl i oresgyn trawma sy'n deillio o'r anghyfiawndera mwya dychrynllyd.'

'Ti'n siŵr o fod yn iawn, Annes,' meddai Alun. 'Ond atgoffodd y ffilm fi bod Sbaen yn wlad mor waedlyd. Lle ma eithafion wastad wedi gwrthdaro, a phobol ddiniwed wedi diodde achos 'ny.'

'Ti'n difaru bo chdi wedi dŵad?'

'Dim shwt beth! Joies i'r ffilm a'r cwmni.'

Gwenodd Annes. 'A finna,' meddai.

Pan adawsant y Galeri cynigiodd Alun lifft iddi. Gwrthododd Annes gyda diolch gan nad oedd ond chwarter milltir i'w chartref ac y gwnâi les iddi gerdded tipyn ar ôl bod ar ei heistedd gyhyd.

'Tan tro nesa, 'te,' meddai Alun.

'Ia. Tan tro nesa.'

Fel y trodd Alun at ei gar, holodd Annes:

'W't ti'n gneud rwbath wsnos i heno, Alun?'

'Off top 'y mhen, sa i'n meddwl bo fi, Annes. Oes ffilm arall mlaen?'

'Wn i ddim. Ond leciat ti ddŵad acw am swpar?'

'Lecen i'n fawr iawn, Annes.'

'Hannar awr wedi saith?'

'Hanner awr wedi saith. Nos Fercher nesa.'

'Ia. Nos da, Alun.'

'Nos da, Annes.'

Bu'r swper arfaethedig ar eu meddyliau gydol yr wythnos ganlynol ac yn achos pryder i'r ddau, ond o'r funud y cyflwynodd Alun dusw anferth o flodau i Annes ar riniog 24, Lôn Wen, bu eu cyfathrach mor rhydd a rhwydd a naturiol â phetaent wedi adnabod ei gilydd erioed.

'Ma hi'n braf ca'l rhywun i felltithio a bytheirio hefo chdi,' meddai Annes wrth iddynt ddilorni sylwadau gwleidydd o Dori ar raglen newyddion S4C.

Roedd hi wedi paratoi pryd tri chwrs: salad tomato a chaws *mozzarella*; pastai bysgod a llysiau amrywiol; *soufflé* siocled. Pan gynigiodd drydydd gwydriad o Muscadet i'w gwestai, nogiodd hwnnw ac meddai: 'Cofia bod raid ifi ddreifo gatre.'

'Sdim raid ichdi, Alun,' meddai Annes. 'Ma 'na wely sbâr yn y stafall gefn. Croeso ichdi i hwnnw.'

'OK. Diolch yn fawr,' meddai yntau gan estyn ei wydryn ati.

Ni chysgodd yn y gwely sbâr y noson honno.

Daeth y goflaid gyntaf pan drawsant yn erbyn ei gilydd yn ddamweiniol wrth i Alun helpu Annes i glirio'r llestri oddi ar y bwrdd.

Wedyn cyd-orweddasant ar y soffa ledr wen, gan wylio rhaglen ddogfen yn ysbeidiol.

Pan gododd y tymheredd yn annioddefol, awgrymodd Annes eu bod yn ymneilltuo i'w stafell wely.

'Dydw i ddim wedi gneud dim byd fel hyn ers talwm,' sibrydodd Annes hanner awr yn ddiweddarach.

'Na finne,' ymesgusododd Alun yn gryg.

Daethant yn fwy hyfedr yn ystod y nos a'r wythnosau a'r misoedd canlynol.

Sir Benfro

CYDNABU ANNES AC Alun yn gyhoeddus eu bod yn eitem
drwy rannu llofft mewn gwesty yn Ninbych-y-pysgod yn
ystod 'Penwythnos Chwyldroadwyr Penfro' y Crwydriaid Coch
a Gwyrdd.

Aeth dwsin ohonynt mewn minibws, gyda Cemlyn ac Eirlys
wrth y llyw bob yn ail, i goffáu a dathlu cyfraniadau rhai o
lewion y sir i wleidyddiaeth a diwylliant Cymru. Ymwelwyd
â nifer o fannau a gysylltir â'r gwroniaid: cofgolofn Waldo,
adfeilion cartref genedigol y bardd comiwnyddol T E Nicholas
a bedd Twm Carnabwth, arweinydd Merched Beca.

Traddododd Cemlyn, Annes ac Ieuan anerchiadau ar Waldo,
Niclas a'r frwydr yn 1946 i gadw'r Preselau rhag cael eu troi'n
faes ymarfer i Fyddin Lloegr, a dangoswyd DVD o raglen Dic
Moses, *Twm Carnabwth a'i Ferched*, yn y gwesty ar ôl swper nos
Wener.

Uchafbwynt y penwythnos oedd swper nos Sadwrn yn y
Dafarn Sinc enwog ym mhentref Redbush. Digwyddai aelodau
o dîm rygbi Crymych fod yno'n dathlu buddugoliaeth ac
ymunodd y Crwydriaid yn y canu a'r gyfeddach hwyliog pan
nad oeddynt yn taeru ymhlith ei gilydd.

Yr heddychwr Waldo ysgogodd y gwrthdaro ffyrnicaf wedi i
Ieuan ddatgan mai ef oedd 'Ghandi Cymru'.

Anghytunodd Cemlyn. 'Gwleidydd craff oedd Ghandi,'
meddai, 'a miliyna'n ei ddilyn o. Crynwr bach diniwad a neb yn
ei ddilyn o oedd Waldo. Dwi'n parchu dewrder a diffuantrwydd
y boi. Yn cyd-fynd efo'i wrth-filitariaeth o, er nad ydw i'n
heddychwr. Ond nid hefo'i ddull o o brotestio. Oedd o'n meddwl

o ddifri y bydda gwrthod talu treth incwm a mynd i garchar yn ca'l unrhyw ddylanwad o gwbwl ar bolisïa'r Llywodraeth, rhyfal Corea a chonsgripsiwn?'

'Mi ysbrydolodd bobol erill,' awgrymodd Gwenno.

'Pwy? Pwy arall wrthododd dalu 'i dreth incwm?' meddai Cemlyn yn chwyrn. 'Mi nath Waldo ei hun yn sant yng ngolwg pobol oedd ddim mor ddiffuant a ddim mor ddewr ag o. Dyna be 'di rôl sant Cristnogol. Gweithredu ar ran y lliaws llwfr a phechadurus a gneud iddyn nhw deimlo'n euog am nad ydyn nhw mor sanctaidd â fo. Neu hi, Annes.'

'Mi wyt ti mor sinicaidd, Cem!' edliwiodd Annes.

'Ydi mae o, Annes,' cydsyniodd Eirlys.

'Realydd!' haerodd Cemlyn. 'Dim ond mudiada mawr, torfol fedar orfodi llywodraetha i newid eu polisïa, a newid hanas.'

Mentrodd Alun ymuno yn y ddadl. 'Nag yw pob mudiad mawr, torfol wedi dechre gyda nifer fach o unigolion egwyddorol? Rosa Parks yn Alabama a Mrs Beasley yn Llanelli?'

'I newid y drefn, ma raid i safiad unigol daro tant sy'n apelio at filoedd o bobol gyffredin,' mynnodd Cemlyn. 'Nath protest Waldo mo hynny.'

'Rydan ni'n dal i siarad amdano fo a'i safiad,' meddai Ieuan. 'Pwy fydd yn siarad amdanan ni 'mhen hanner canrif?'

'I fynd yn ôl at farddoniaeth Waldo,' meddai Annes, 'dyna'i gyfraniad mawr a pharhaol o. Be ma'r cerddi yn ddeud wrtha i ydi fod ym mhob un ohonan ni reddf gynhenid i garu ac i ddymuno ca'l 'yn caru. Ac os na fydd y reddf honno'n llywodraethu'n politics ni, ac yn hydreiddio'n gweithredoedd ni, gneud petha'n waeth nawn ni. Fel digwyddodd yn Rwsia. Ma trais yn ennyn rhagor o drais.'

Torrodd Cemlyn ar ei thraws: 'Mi a'th petha o chwith yn yr Undeb Sofietaidd am fod gwledydd Cristnogol y Gorllewin wedi cynllwynio yn ei herbyn hi o'r dechra cynta. Wyt ti'n meddwl basa'r byd yn well lle tasa'r Fyddin Goch wedi croesawu'r Natsïaid i'w gwlad fel brodyr, fel bydda Waldo am iddyn nhw neud?'

Ceryddodd Eirlys ei gŵr: 'Paid â gwylltio, Cemlyn!'

'Tydw i ddim yn gwylltio!'

'Paid â chodi dy lais 'ta!'

'Dwi wrth 'y modd yn gwylltio d'ŵr di, Eirlys!' meddai Annes dan chwerthin.

'Beth bynnag wedwch chi am Waldo Williams,' meddai Alun, 'fe weithredodd dros ei egwyddorion. O'dd e'n protesto, fel gwedodd Annes, yn erbyn yr un gelynion sy'n ein hwynebu ni heddi ac sy'n bygwth bodolaeth Cymru a'r blaned. Rhyfeloedd diddiwedd. Datblygiade diwydiannol sy'n difetha'r amgylchedd, cyfundrefn economaidd a gwleidyddol sy'n achosi i 50,000 o blant farw o newyn bob dydd…'

'Mi gawn brotestio faint fynnwn ni,' meddai Cemlyn, 'heb i hynny newid y drefn. Dim ond chwyldro neith hynny.'

'So i'n heddychwr, fel fi wedi gweud o'r bla'n,' meddai Alun, 'ond yn yr unfed ganrif ar hugain gall chwyldro arfog mewn sefyllfa ddrwg wneud pethach yn waeth.'

Gwenodd Annes yn edmygus ar ei chariad.

Boddwyd ateb hirwyntog Cemlyn gan 'Milgi, milgi, milgi, milgi, rhowch fwy o fwyd i'r milgi' yn diasbedain o enau aelodau Clwb Rygbi Crymych.

Noson Arall
yn y Mona

UN NOS WENER roedd Emyr mewn hwyliau mor ddrwg nes i'w gyfeillion droi arno a symud i dafarn arall, gan adael 'y cwd surbwch' a'r 'Hwntw Mawr' i fud lymeitian.

'Beth yw'r broblem, Ems?' holodd Alun yn y man.

'Ffyc ôl! Paid ti â dechra!'

'Pam bod "cro'n dy din di ar dy dalcen di", 'te, fel byddwch chi Gogs yn gweud?'

'Jest bo fi'n difaru wastio gymaint o'n amsar yn malu cachu efo'r penna bach.'

'Lecet ti ifi fynd?'

'Na. Dim chdi, Alun. Na'r rheina chwaith. Fi ydi'r pen bach.'

'Peint arall?'

'OK.'

Ymlaciodd Emyr yn y man a dadlennu beth oedd yn ei boeni.

'Cymdogion, Alun.'

'Neighbours?'

'Neigh-bour. Dim ond un.'

'Pwy yw e? Neu hi? Beth nath e neu hi i dy fecso di?'

'Mi chwerthi di.'

'Gwed.'

'Un boi bach. Seventeen. Dwy ar bymthag. A ddim yn iawn.'

'Beth ti'n feddwl "ddim yn iawn"?'

'Ddim cweit fath â phawb arall. Fuo fo'n mynd i ysgol

arbennig a mae o ar ryw dabledi. Fasa chdi ddim yn meddwl bod dim byd mawr yn bod arno fo nes basa fo'n dechra mynd trwy'i betha ac yn mynd ar dy dits di.'

'Beth ma fe'n neud i fynd ar dy dits di, Ems?'

'Dwi'n byw mewn tŷ pen a mi fydd y Paul 'ma wrthi am oria bob dydd yn cicio pêl yn erbyn y talcan. Oria. Yn enwedig os gwelith o 'mod i yn 'rar ffrynt yn chwynnu neu'n tendio'r bloda neu jest yn ista yno, os ydi'n braf, ac yn tynnu sgwrs efo hwn a llall fydd yn mynd heibio. Fus i ddigon gwirion i ofyn iddo fo unwaith pam ei fod o'n gwisgo crys ffwtbol England a fynta'n Gymro. "Am bod Wales byth yn ennill, cont gwirion!" medda fo. Iesu, gath o lempan ar draws ei hen wep bach hyll nes o'dd ei ben o'n troi! Byth ar ôl hynny mae o'n gneud ati i wisgo'r crys hwnnw neu un Iwnion Jac.'

'Wyt ti wedi ca'l gair 'da rhieni'r crwt?'

'Fwy nag unwaith. Es i i'w gweld nhw ar ôl imi roid peltan iddo fo. Oedd ei dad o, Goronwy, wrth ei fodd. "Biti na fasa chdi wedi rhoid stid iawn iddo fo, Ems," medda fo. "Fedra i neud dim hefo'r sinach bach. Dim fi ydi'i dad iawn o 'sdi." Ond nath hi, Maureen, y fam, fygwth twrna arna i a siaradodd hi hefo un o hogia "Have you had an accident?" ar Maes ond ddath 'na ddim byd o hynny am na dim ond un tyst oedd gynnyn nhw, a hwnnw ddim yn gall.'

'Diflas. Diflas iawn, Emyr.'

'A ma petha wedi mynd o ddrwg i waeth.'

'Roddest ti glatsien arall iddo fe?'

'O'n i'n digwydd bod yn llofft ffrynt echdoe ac yn sbio drw ffenast ar 'rar pan welis i fo, Paul, yn dŵad allan o'i dŷ. Toedd gynno fo ddim pêl, am unwaith, ond mi oedd gynno fo rwbath yn ei law. Be oedd hwnnw ond ffelt-pen fawr. Mi ddath at y plac efo enw'r stryd arno fo, o flaen 'y nhŷ i, edrach o'i gwmpas i neud yn siŵr doedd neb yn 'i weld o a sgwennu rwbath ar y plac. Redish i lawr grisia ac allan trw drws ffrynt. Mi glywodd y bastad bach fi a'i sgrialu hi am adra. A wyddost ti be oedd o wedi sgriffio ar enw'r stryd? "Emyr is a paedo." Llnauis i o. Ond be sy i stopio fo neud hynny eto, dros y stad i gyd? Iesu Grist! Fedra i ddim meddwl am ddim byd gwaeth i ddeud am neb! Gin i blant 'yn hun, a wyrion.'

'Elen i at y polîs.'

'Neith rheini ffyc-ôl.'

'Bydde rhaid iddyn nhw. Galle accusation fel'na achosi reiot.'

'Wn i. Ond tydi slobs Dre a fi ddim yn "bytis", fel byddwch chi'n deud yn Sowth. Beryg iddyn nhw'n restio i.'

'Lecet ti ifi ddod 'da ti? I neud yn siŵr bod ti'n cael whare teg?'

'Beryg imi wylltio a chodi cwilydd arnach chdi, Alun.'

'Af i'n hunan, os ti'n moyn. Dacla i 'ngwallt a'n farf, gwisgo siwt, crys a thei teidi a siarad Saesneg posh. Weda i wrthyn nhw bydd 'da nhw broblem fawr yn y man os na setlwn nhw'r broblem fach hyn glou.'

'Well gin i ichdi siarad Cymraeg, Alun.'

'Rwy wastad yn whare i ennill, Ems. Os oes raid ifi siarad yr iaith fain i roi stop ar y nonsens hyn, fe naf i.'

Saesneg siaradodd y cuddwas gyda'i reolwr a Saesneg siaradodd hwnnw gyda'r Prif Gwnstabl.

Fin nos y dydd Iau canlynol, ac Alun newydd ddychwelyd i Dyddyn Adda wedi diwrnod o fynydda ar y Glyder Fawr, canodd ffôn y bwthyn.

Bron na chanai Emyr: 'Helo! Alun? Fi sy 'ma!'

'Shw ma'i, Ems? Shwt ma'n ceibo?'

'Ma hi'n ceibo'n dda iawn, Alun, diolch i chdi! Alwodd dau slob acw bora 'ma. Mi oedd o, Paul, y pen dafad, hefo nhw. Ddeudodd y Sarjant bod nhw wedi ca'l gair "efo'r gŵr ifanc yma" am "'ych cwynion chi, Mr Jones", yn enwedig am be oedd y twlal wedi sgwennu ar enw'r stryd, ac y bydda fo'n ca'l ei tsiarjio efo "behaviour likely to cause serious public disorder" tasa fo'n gneud rhwbath tebyg eto. Mi ddeudodd gallwn i ddŵad ag achos o "defamation" yn erbyn jerro ond ella basa well imi glwad be oedd gin hwnnw i ddeud gynta.

'Apolojeisio nath y cont bach. Yn ei ddagra! Werth ei weld! Ddeudis i bo fi'n barod i anghofio bob dim os basa fo'n gaddo o flaen y ddau blisman na faswn i ddim yn ca'l rhagor o hasls gynno fo efo'i ffwtbol na dim byd arall, a mi nath.'

'Ma 'na'n grêt!' ebychodd Alun. 'Llongyfarchiade, Ems!'

'Chdi sy isio'i longyfarch, mêt,' meddai Emyr yn deimladwy. 'Diolch yn fawr iawn ichdi, Alun. O waelod calon. A dwi'n feddwl o. Wn i ddim be ddiawl fasa wedi digwydd tasa chdi heb fynd at y slobs. Be faswn i wedi neud i Paul, y bastad bach, ac i fi'n hun.'

'Paid meddwl am bethach fel 'na,' ceryddodd Alun. 'Ma'r cyfan drosodd nawr.'

Mynnai Emyr 'dalu'n iawn' i'w gyfaill am y gymwynas trwy fynd ag o am 'Indians neu Chinks, be bynnag leci di' y nos Wener ganlynol.

'Alla i ddim gneud hi nos Wener, ma ofan arna i,' ymddiheurodd Alun. 'Ma cyfarfod Friends of the Earth 'da fi yn Llandudno.'

'Nos Sadwrn?'

'Ma nos Sadwrn yn ffein.'

'Mona, hannar awr wedi chwech? Peint neu ddau neu dri cyn mynd am sgram? A gei di aros acw.'

'Gewn ni dipyn o sesh, Ems!'

'Gobeithio 'te, Alun?'

Ac felly y bu, yn y Mona, yn y Bwyty Bengal ar y Maes ac yn 33, Ffordd y Ffridd.

Hunangofiant Emyr

D IDDANODD EMYR EI westai gyda straeon am ei fabinogi gwyllt, ei anturiaethau yn y Fyddin cyn ei dröedigaeth wleidyddol, ei weithgareddau wedyn a disgrifiadau a dynwarediadau o rai o gymeriadau lliwgar y dref. Talodd Alun y pwyth gyda hanesion am ddrwgweithredoedd dihirod y City of London a chanolfannau ariannol eraill y byd ac atgofion am y partïon a fynychai yn y dyddiau pan oedd yn gaeth i alcohol a chyffuriau eraill ac i ryw.

Synnwyd yr ymwelydd gan drefnusrwydd a glanweithdra cartref ei gyfaill a chwaeth gynnil pob un o'i stafelloedd a'i dodrefn. Edrychodd yn edmygus o amgylch y stafell fyw a'i pharwydydd gwyrdd golau a addurnid â ffotograffau o blant ac wyrion Emyr a phoster o 'Hon' wedi ei fframio.

'Sdim angen menyw arnot ti i ddisgwl ar dy ôl di, Ems,' meddai wrth i'w gyfaill ddod o'r gegin gyda hambwrdd ac arno botel wisgi, jwgaid o ddŵr a rhew a dau wydryn. Gosododd hwy ar y bwrdd coffi rhwng ei gadair ef a'r soffa yr eisteddai Alun arni.

'Nag oes, Alun,' cydsyniodd Emyr. 'Dyna pam diforsion ni. Fi a Hayley.'

'Beth? Benderfynest ti bod dim o'i hangen hi arnot ti a rhoi cic-owt iddi?'

'Dim ffasiwn beth, Alun... Helpa dy hun... Fi oedd yn rhy house-proud. Dim bod Hayley'n slebog. Tydi hi ddim. Fi sy'n ffysi. Gweld bai. Cega am fod petha'r plant ar hyd y lle i gyd. Meddwl bo fi'n well cwc. Sy'n wir. Ond do'dd dim isio imi ddeud hynny o hyd, nagoedd? Aethon ni gymaint ar nerfa'n gilydd benderfynon ni doedd dim byd ond difors amdani os oeddan ni am ddal i fod yn ffrindia ac er mwyn y plant. A dyna be naethon ni. Ddeudon ni bod y plantos yn aros hefo fi, er mwyn imi fedru cadw'r tŷ yma, ond oeddan nhw fwy hefo'u mam yn nhŷ 'u nain.'

Ymollyngodd Emyr i'r gadair esmwyth ledr goch o flaen y teledu a'i wydryn yn ei law. Dododd ei draed ar y pwffi o'r un deunydd â'r gadair ac meddai, 'I'r British Army ma'r diolch 'mod i isio "lle i bopeth a phopeth yn ei le" fel byddan nhw'n deud. Fuost ti yn 'Rarmi, Alun?'

'Ieffach, naddo!' ebychodd Alun gan dagu ar ei wisgi. 'Shwt gallet ti feddwl 'na?'

'Dwn i'm. Jest bod 'na rwbath military yn y ffor ti'n dal dy hun. Y confidence. Ti'n Officer Class, Alun. Dim squaddie fath â fi.'

'Buo 'da fi ariôd gynnig i Fyddin Lloegr, Ems. Dim yw dim. 'Na draddodiad 'nheulu i. O'dd 'nhad-cu ar ochor Mam yn yr IRA a 'nhad-cu ar ochor Nhad yn gomiwnist. Driodd e fynd mas i Sbaen i wmladd yn erbyn Franco, ond stori arall yw honno.'

Awr a sawl gwydriad o Johnnie Walker yn ddiweddarach, a'r ddau bron yn llorweddol, holodd Emyr ei gyfaill am ei deulu:

'Sut fyddach chdi a dy dad yn dŵad ymlaen hefo'ch gilydd, Alun?'

'Olreit. Nago'n i a Glyn yn gweld lot o'no fe, a gweud y gwir. Fydde fe'n treulio rhan fwya o'i amser yn y gwaith, yn y Clwb neu yn y Loj. O'dd e'n Loj Sec, yn lico'i beint ac yn gwitho dan ddaear. 'Na'i fyd e. O'dd dim lot o amser 'da fe i'w deulu.'

'Fydda fo'n dy golbio di a dy frawd?'

'Pwno ti'n feddwl?'

'Ia.'

'Bydde fe'n clatsho Glyn a fi pe bydden ni wedi gneud rhywbeth ddylen ni ddim. Oe'n ni'n haeddu whad fel arfer. Ond nago'dd e'n foi cas.'

'Mi oedd 'y nhad i yn foi cas, Alun!' chwyrnodd Emyr ac ymsythu yn y gadair. 'Cas ddiawledig. Bastad o ddyn. Bastad. Wrth 'i fodd yn stido i a'n nau frawd a'n chwaer. A Mam. Oeddan ni i gyd 'i ofn o. Pan o'n i'n hogyn bach, ryw chwech oed, o'n i gymaint o'i ofn o fyddwn i'n cachu yn 'y nhrywsus wrth gerddad adra o 'rysgol. Roddodd 'rhen go stop ar hynny. Wyddost ti sut? Gneud imi fyta llwyad o 'nghachu'n hun! Ia, bastad o ddyn. Dim rhyfadd do'n i'n da i ddim yn 'rysgol. Titsiars i gyd yn meddwl 'mod i'n dwp. O'n i'n hun yn meddwl 'mod i'n dwp. 'Rhen go'n deud hynny wrtha i bob dydd. Dim rhyfadd 'mod i wedi mynd odd'ar y rêls. Gymrodd hi'r British Army i neud imi feddwl 'mod i'n da i rwbath. I roid addysg imi, Alun. Prin o'n i'n medru darllan na sgwennu pan joinis i a dwi wedi bod yn trio dal i fyny byth ers hynny. Dyna be dwi'n lecio gymaint am y Crwydriaid. Dwi'n dysgu rwbath bob tro a' i allan hefo nhw. Am y wlad, natur, hanas Cymru, politics. Wyddost ti be leciwn i fod taswn i'n ca'l dŵad yn f'ôl ar ôl marw?'

'Bòs Johnnie Walker?'

'Na, o ddifri rŵan. Dosbarth canol fath â chdi a Cemlyn a Dic.'

'So i'n ddosbarth canol, Ems. Colier o'dd Nhad ac ro'dd Mam yn cl'nau ysgolion cyn symud i Croydon a dod yn dentist's receptionist.'

'Mi wyt ti rŵan, twyt? Yn ddosbarth canol.'

'Falle.'

'Dim "falle". Mi wyt ti. Y diawl lwcus. Dim crachach dwi'n feddwl. Dosbarth canol Cymraeg fath â Cemlyn, Huw P a Dic. Tydach chi ddim yn snobs. Dach chi'n cofio na o'r werin daethoch chi er bo chi wedi ca'l addysg ac yn byw mewn tai braf. Dach chi'n ddiwylliedig, gynnoch chi jobsys diddorol a gwragadd clên sy'n barod i siarad efo chi am bolitics a llenyddiaeth, peintio, dramâu a ballu. Dwi'n meddwl y byd o

Hayley ond ches i rioed hynny hyd yn oed pan o'dd bob dim arall yn mynd yn iawn. Sgin ti wraig, Alun?'

'Nag oes, Ems. Ti'n gwbod sdim gwraig 'da fi!'

'Diforsd?'

'Nagw.'

'Plant?'

'Dim hyd y gwn i, Ems!'

'Ma raid bod be ddigwyddodd i'r fodan oedd gin ti'n Sbaen wedi bod yn uffar o slap ichdi?'

'O'dd. Sa i wedi ca'l lot o lwc 'da menywod, Ems. Bues i'n mynd 'da merch o Sgotland bron â bod drw'r amser oe'n i yn y Brifysgol ond pan raddion ni benderfynodd hi bod hi am fynd 'nôl 'co. Balles i fynd 'da hi, er ifi ga'l cynnig jobyn 'da'r RBS, Royal Bank of Scotland. Ffindodd Kirsty rhyw Jock yn eitha clou. Bues i'n mynd 'da Christine, merch hyfryd, smart ofnadw, pan oe'n ni'n dau yn y City ond ballodd hi ddod 'da fi i Donostia. Ma hi'n alcoholic nawr ac yn gaeth i cocêin, druan fach.'

'Be am Annes?'

'Beth am Annes?'

'Dach chi weld yn dipyn o lawia?'

'Fel odw i 'da ti a Huw P...'

'Ddim cweit fel w't ti hefo fi a Huw P, y diawl! Gobeithio ddim, beth bynnag! Ma hi'n ddelach na ni'n dau, i ddechra...'

'Odi. Pob parch ichi, Ems, ma 'na'n wir!'

'Rydan ni i gyd yn meddwl y byd o Annes, Al. Ma hi'n uffar o hogan dda.'

'Odi, ma hi. Un arbennig iawn.'

'Glywist ti am Deiniol?'

'Wedodd Annes buo 'da hi sboner o'r enw Deiniol ond nagyw hi wedi gweud dim amdano fe.'

'Actor oedd o. Deiniol Gwyrfai. Beryg bod hi ddim isio siarad amdano fo.'

'Odi e'n enwog?'

'Mi oedd o, yng Nghymru, ac yn dechra dŵad yn enwog yn Lloegar hefyd. Mae o wedi marw. Fuo fo ac Annes yn mynd hefo'i gilydd am hir. Ond o'dd o'n lyshio'n ddiawledig a roddodd hi chuck iddo fo. Go fuan wedyn syrthiodd o i dwll chwaral yn Dyffryn Nantlla.'

'Yn fwriadol?'

'Dyna ma rhei'n deud, ond dwi'm yn meddwl. Oedd o'n chwil gachu a photal win gwyn ar ei hannar yn ei napsac o. Damwain yn chwilio am le i ddigwydd ella. Oedd o wedi bod yno hefo'r Crwydriaid. Oedd o ac Annes hefo'i gilydd 'radag hynny. Gaethon ni ddwrnod braf iawn. Bendigedig. Ond ma meddwl am y cradur wedi'i ddifetha fo i ni.'

'Ti'n wag, Ems. Joch bach arall?'

'I don't mind if I do, sir.'

Wrth rannu gweddill y wisgi'n gyfartal rhwng y ddau wydryn holodd Alun:

'Fuodd y Maggie Alexander hyn yn mynd 'da rhywun?'

'O'dd hi a Huw Pritch yn dipyn o lawia. Cerddad lot hefo'i gilydd. Platonic friendship dwi'n meddwl. Ond fedri di byth ddeud, na fedri di, Alun?'

'Digon gwir, Ems. Alli di fyth weud.'

Rhwng Old Trafford a Thremadog

'Ry'ch chi'n gyfarw'dd â'r rhan hyn o Loegr, Huw?' awgrymodd Alun wrth lenwi gwydryn ei gyfaill â gwin coch ac arllwys diferyn i'w wydryn ei hun.

Roedd wedi derbyn gwahoddiad Huw Pritchard ar yr amod eu bod yn teithio i Old Trafford yn ei gar o ac mai fo fyddai'n talu am eu pryd yn y dafarn fawr boblogaidd rhwng Manceinion ac Ellesmere Port a fynychai Huw a'i gyfeillion ar ôl gêm.

'Nag'dw, fachgan,' atebodd Huw. 'Dim ond Lerpwl a Birkenhead, lle'r oedd gynnon ni gysylltiada teuluol. Mi oedd Lerpwl yn dal yn rhyw fath o brifddinas gogladd Cymru pan o'n i'n hogyn. Fydda Rhiannon wrth ei bodd yn siopa yng Nghaer. Dwi'n cofio dau drip Ysgol Sul i Belle Vue pan oeddwn i'n hogyn.'

'Beth am Bradford?' holodd Alun yn ddireidus.

'Bradford?' meddai Huw Pritchard.

'Glywes i bo chi wedi ca'l sbri 'co?'

'O… Mi wela i fod y bonwr Emyr Cadwaladr Jones wedi bod yn agor ei geg fawr!'

'Gethoch chi brofiade mowr lan yn Bradford 'da rhyw Saesnes?'

'Maggie Alexander.'

'Tipyn o fenyw?'

'Fu ond y dim inni ga'l 'yn restio.'

'Do fe?'

'Y tri ohonan ni. Ond lwyddodd Maggie i argyhoeddi'r glas nad oedd gynnon ni ddim byd i neud hefo'r helynt.'

'Bydde sgandal fowr ffor hyn pe byddech chi wedi ca'l 'ych restio.'

'Debyg iawn. Ond rhaid imi gyfadda bod lluchio cerrig at ffasgwyr wedi bod yn be fasat ti'n alw'n "liberating experience" i ddyn canol oed oedd wedi parchu'r gyfraith gydol ei oes. Wedi'i hofni hi, ddylwn i ddeud. Wedi cynnal y drefn ac annog a chyflyru cenedlaetha o blant i neud yr un modd.'

'Nag oe'ch chi'n grac bod y Maggie hyn wedi "mynd â chi ar gyfeiliorn", ys gwedon nhw?'

'Mi oedd hi'n hen bryd i rywun neud, Alun!' chwarddodd Huw Pritchard gan godi ei wydryn at ei wefusau. 'Iechyd da i'r Achos Chwyldroadol!'

'Iechyd da, Huw,' meddai Alun gan godi ei wydryn yntau. 'Feddylioch chi beth alle fod wedi digw'dd taech chi wedi cael 'ych resto?'

'Ar ôl glasiad neu ddau o win coch rhagorol fel hwn, Alun, mi fydda i'n difaru na ddigwyddodd hynny!' chwarddodd y cyn-brifathro wrth ymosod ar ei stecen.

Cysgodd Huw yn fuan iawn wedi iddynt adael y dafarn ac ni ddeffrodd nes eu bod yn gwibio heibio i Fae Colwyn. Pan ddadebrodd, ailgydiodd yn un o'u sgyrsiau wrth y bwrdd bwyd:

'Pan oeddwn i yn y coleg, Alun, "amser maith yn ôl", mi oedd llawar o 'nghyfoedion i – y Cymry Cymraeg, felly – yn aeloda o Gymdeithas yr Iaith Gymraeg. Doeddwn i ddim. Rydw i'n difaru hynny rŵan. Na fyddwn i wedi cicio'n erbyn y tresi, "cyn oeri'r gwaed", fel gnaethon nhw. Ond fedrwn i ddim. A waeth imi heb â difaru yn fy henaint.'

'O'dd ofan torri'r gyfreth arnoch chi?'

'Ma'n siŵr. Dylanwad Nhad oedd i gyfri'n benna. Mi oedd o'n Gymro i'r carn, yn ddarllenwr mawr, ac er ma Maths a Seiens 'nes i yn y chwechad, mi nath imi ddarllan gweithia'r beirdd a llenorion roedd gynno fo feddwl ohonyn nhw: Williams Parry, Parry-Williams, T Gwynn Jones a W J Gruffydd a rhei erill, llai adnabyddus. Mi oedd o'n hoff iawn o betha Eifion Wyn, Cynan ac I D Hooson a rhei tebyg, ond ro'dd y rheini'n rhy sentimental gin i. Mi fydda'n prynu pob nofal Gymraeg ddeua o'r wasg – toedd 'na ddim cymaint 'radag hynny – nes i "chwaeth yr oes", chwadal fynta, ei ddiflasu o. Iaith sathredig, cenedlaetholdeb a "diddordab afiach mewn rhyw" fydda dan y lach gynno fo. Erbyn diwadd ei oes, dim ond gweithia awduron fel Daniel Owen, Kate Roberts, Dic Tryfan ac Elena Puw Morgan fydda fo'n ddarllan. Mi oedd gynno fo feddwl mawr o W J Gruffydd ac roedd o wedi cadw bocseidia o'r *Llenor*, a rhei o'r llyfra buo Gruffydd yn eu hadolygu. Yr unig nofela Saesnag rydw i'n cofio Nhad yn eu darllan ydi rhei Thomas Hardy, a hynny am fod Hardy yn arwr gin W J Gruffydd.'

'Nethoch chi adweithio yn erbyn cenedlaetholdeb 'ych tad, Huw?'

'Dim ffasiwn beth, Alun!' meddai Huw Pritchard dan wenu yng ngwyll y car. 'Tasa 'rhen Twm Wac yn dy glwad di'n awgrymu ei fod o'n Welsh Nash, mi fasa'n chwyrlïo yn 'i fedd! Er ei fod o, fel deudis i, yn Gymro i'r carn, mi oedd o'n Brydeiniwr rhonc hefyd. Effaith pedair blynadd efo'r Royal Welch Fusiliers yng ngogladd Affrica, yr Eidal a'r Almaen adag y rhyfal. Y ddwy flynadd ola'n sarjant. Mi fydda'n deud ei fod o'n falch o berthyn i ddwy genedl, Cymru a Phrydain Fawr, ac i fyddin o "Taffs, Jocks, Paddies, Geordies, Sgowsars a Phrydeinwyr erill chwaraeodd ran anrhydeddus a buddugoliaethus mewn rhyfal cyfiawn yn erbyn y gyfundrefn fwya melltigedig yn hanas y byd". Casbeth Nhad oedd cenedlaetholdeb, Alun. Cenedlaetholdeb ar ei fwya eithafol oedd Natsïaeth, medda fo. Mi oedd posibilrwydd i bob cenedlaetholdeb droi at ffasgaeth ac mi fydda'n cyhuddo Saunders Lewis ac Ambrose Bebb o dywys y "Blaid Bach" i'r cyfeiriad hwnnw. Doedd gynno fo ddim mwy o feddwl o Gwynfor Evans. "Conshi" oedd hwnnw, "fydda'n well gynno fo gael ei lywodraethu o Berlin nag o Lundan!"

'Mi gofia i ryw Bleidiwr ifanc yn herio Nhad yn un o gyfarfodydd lecsiwn Goronwy Roberts, Aelod Seneddol Llafur Sir Gynarfon, a Nhad yn cadeirio. "Peidiwch â lladd ar genedlaetholdeb a chitha'n genedlaetholwr Prydeinig mor eithafol 'ych hun!" medda'r hogyn. "Gwladwriaeth ryng-genedlaethol ydi Prydain Fawr," medda Nhad, "a Chymry, Saeson a Sgotsmyn yn cyd-fyw'n reit gytûn heblaw am ddyrnad o benboethiaid fel chdi sy'n gneud 'ych gora i'w difetha hi. Mi lwyddon nhw yn Werddon, a sbiwch tlawd ydi'r wlad honno rŵan, dan draed ffarmwrs ac offeiriaid pabyddol. Dydi'r Ymerodraeth Brydeinig, neu'r Gymanwlad fel ma hi'n ca'l ei galw rŵan, ddim yn berffaith o bell ffor ond ma hi'r ora a'r deca ohonyn nhw i gyd ac wedi dirwyn ei hun i ben yn heddychlon, gan ada'l i wledydd fel India a Ghana lywodraethu eu hunain." "Pam na cheith Cymru hunanlywodraeth gin Loegar?" medda'r Pleidiwr. "Mi cae hi fory nesa, tasa mwyafrif yn ddigon gwirion i ofyn am ffasiwn beth," medda Nhad. "Ond ma'r rhan fwya ohonan ni'n reit hapus fel rydan ni, a dyna pam ma dy blaid di'n "Blaid Bach", washi!"'

'I ba radde dylanwadodd politics eich tad arnoch chi?' holodd Alun.

'Fotis i rioed dros Blaid Cymru tra oedd o'n fyw,' atebodd Huw Pritchard. 'Dwi wedi gneud hynny ers blynyddoedd bellach. Ond fedra i ddim rhoid y bai i gyd ar Twm Wac am 'mod i heb gicio'n erbyn y tresi. Mi o'n i isio dŵad yn 'y mlaen yn y byd.'

'Pam chi'n galw'ch tad yn "Twm Wac"?'

'Am na Tomos Watkin Pritchard oedd ei enw llawn o. "Twm Wac" yn y pentra ac i hogia'r chwaral cyn y rhyfal.

"Twm Goch" oedd o yn Ferodo lle buo fo'n shop steward ar ôl y rhyfal.'

'O'dd 'da'ch mam yr un daliade â'ch tad?'

'Ma'n debyg. Os oedd gynni hi ddaliada gwleidyddol o gwbwl,' meddai Huw yn swta, gan ychwanegu ymhen ysbaid faith wrth i'r car wibio yn ei flaen, 'Mi oedd 'mherthynas i a Mam yn un anodd iawn. Wyddost ti nad oes gin i'r un atgof hapus amdani o'r cyfnod hwnnw? Dwi'n cofio gofyn iddi pan oeddwn i tua naw mlwydd oed: "Pam ma well gynnoch chi Geraint a Dilys na fi?" A hitha'n atab: "Am eu bod nhw'n debycach i mi, ma'n siŵr. Rwyt ti'n tynnu ar ôl dy dad ac mi ydach chi'ch dau gymaint o lawia ma hi'n iawn i'r ddau arall ga'l mwy o sylw gin i. Mi wyt ti'n glyfrach na nhw, a dim angan cymaint o swcro." Mi wellodd petha rhyngddan ni wedi imi gyrra'dd 'yn ugeinia. A mi dwi'n falch o hynny. Rydw i'n dal i deimlo'n euog ei bod hi a Nhad wedi marw'n gymharol ifanc.'

'O'dd dim bai arnoch chi am hynny?' meddai Alun, gan dybio bod cyfrinach ddwysach ar fin cael ei datgelu.

'Nag oedd siŵr,' meddai ei gydymaith. 'Euog am 'mod i wedi ca'l osgoi'r baich o ofalu amdanyn nhw yn eu henaint, yn wahanol iawn i gymaint o 'nghenhedlaeth i. Heb orfod eu rhoid nhw mewn cartra. A gweld Alzheimer's yn byta'u meddylia nhw. Euog am 'mod i wedi bod mor lwcus i osgoi'r baich hwnnw. Mi oeddwn i ar delera reit dda hefo Mam tua diwedd ei hoes. Ond y blynyddoedd cynnar sy'n dylanwadu fwya arnat ti, 'te? Ma'u stamp nhw arnat ti am weddill d'oes. Ydi dy rieni di'n dal yn fyw, Alun?'

'Odyn... Ac yn byw ar wahân. Nhad yng Nghwm Cynon a Mam yn Croydon.'

'Fyddi di'n eu gweld nhw weithia?'

'Sdim croeso o gwbwl ifi tsha Abercynon. Ma pethach yn OK rhynto i a Mam ond ma teulu arall 'da hi nawr.'

Cysgai Huw yn sownd ymhell cyn iddynt gyrraedd ei gartref

yn Nhremnant, Tremadog, tŷ cerrig cadarn a godwyd ar ddechrau'r ugeinfed ganrif ar lethr uwchlaw'r dreflan.

Arhosodd Alun yno'r noson honno a brecwesta drannoeth gyda'i westeiwr yn y conserfatri helaeth a wynebai'r de. Wrth i Huw baratoi'r arlwy yn y gegin, crwydrodd Alun o'r heulfan drwy'r adwy i'r stafell fyw i astudio cynnwys y silffoedd llyfrau a guddiai ddau o'r parwydydd. Paentiad mawr cain o'r Cnicht gan artist lleol oedd ar y pared arall.

Adlewyrchai'r llyfrau ddiddordebau eu perchennog mewn addysg, hanes, gwleidyddiaeth, llenyddiaeth Gymraeg a gweithiau Thomas Hardy, ond mwy diddorol i Alun oedd y ffotograffau mewn fframiau arian a osodwyd ar rai o'r silffoedd. Darluniai'r rhan fwyaf ohonynt rawd briodasol a phroffesiynol Huw Pritchard a'i ddiweddar wraig. Gyda hwy yn rhai o'r ffotograffau ac ar ei ben ei hun mewn rhai eraill roedd baban, hogyn, llanc a gŵr ifanc golygus, pryd golau.

'Eich mab chi?' holodd Alun gan gyfeirio at y ffotograffau pan ddaeth Huw Pritchard o'r gegin gyda grawnfwyd, sudd oren, tost a choffi go-iawn ar hambwrdd.

'Ia,' atebodd Huw gan osod yr hambwrdd ar fwrdd coffi yn ffenest fwa fawr y conserfatri.

'Crwtyn smart.'

'Ydi, mae o,' cydsyniodd Huw. 'Sound engineer efo cwmni recordia tua Llundan ydi Eifion. Paid â gofyn imi be'n union mae o'n neud. Driodd o egluro imi ond dydw i fawr callach. Tyd at y bwr.'

Seliodd yr ymweliad hwnnw ag Old Trafford gyfeillgarwch Huw ac Alun ac fe'i hategid pan welent ei gilydd ar achlysuron fel teithiau'r Crwydriaid, swpera ar aelwydydd Cemlyn ac Eirlys a Dic a Gwenno, barbeciw Guto Ffowc yng nghartref Dr Angharad a Sam a'u plant ac yn enwedig pan arlwyent ginio dydd Sul i'w gilydd yn Nhyddyn Adda neu Dremnant: seigiau Basgaidd yn y naill le a bîff, cig oen neu borc a'r llysiau traddodiadol yn y llall, a photelaid neu ddwy o win coch, coffi a brandi neu wisgi yn ddi-ffael.

Manteisiai Huw Pritchard ar y pnawniau Sul dioglyd hynny i fynegi'n llafar feddyliau a theimladau a fu'n ei gorddi ers blynyddoedd. Gwrandawai Alun yn astud a chydymdeimladol.

'Mi oedd colli Rhiannon yn rwbath doedd ddim i fod i ddigwydd, Alun,' meddai Huw wrth roi atodiad teithio un o'r papurau o'r neilltu. 'Toedd o ddim yn 'yn plania ni o gwbwl. Mi oeddan ni am riteirio efo'n gilydd, mynd i Ostrelia i weld rhyw deulu iddi hi yno ac i Ganada i weld rhei gin i. Mi fasa Rhiannon yn peintio, yn lle dim ond dysgu plant i botsian. Finna'n prynu chwip o gamra ac yn mynd ati i dynnu llunia o ddifri. Ond nid felly bu hi. Nid felly bu hi, Alun. Ond mi ddeilliodd un peth da o farwolaeth annhymig Rhiannon. Mi ddath ag Eifion a fi'n nes at 'yn gilydd na fuon ni er pan oedd o'n hogyn bach. Toedd petha ddim yn dda iawn rhyngddon ni ar un adag. Am sbel go hir, a deud y gwir, o pan gyrhaeddodd Alun ei arddega tan yr a'th ei fam o'n sâl yr eildro. Ma'n siŵr y gweli di fai arna i rŵan, Alun. Ma agwedd dy genhedlaeth di at y petha 'ma'n wahanol i un 'nghenhedlaeth i. Yn fwy goleuedig, ma'n siŵr...'

'Pa bethach, Huw?' gofynnodd Alun wedi saib hir.

'Mi oedd... mae Eifion yn hoyw... sy'n air modern mwy dymunol na'r rhei oedd ar lafar gwlad 'radag hynny.'

'Oe'ch chi'n 'i cha'l hi'n anodd derbyn shwt o'dd e, Huw? 'Na fel o'dd hi le ces i'n fagu.'

'Gwrthod derbyn, Alun. Gweld y peth fel ryw myrrath wirion, neu waeth. Ffor o wrthryfela yn f'erbyn i. Beio'i fam am ei folicodlo fo. Ei ddiarddel o i'r gradda 'mod i'n gwrthod mynd i Lundan efo Rhiannon i'w gwarfod o na gadal iddo fo ddŵad adra tra'i fod o'n mynnu dŵad â'i ffrind efo fo. Ond dyna sut yr o'n i. Sut ces i'n magu. Yn llawn rhagfarna. Mi gymrodd salwch ola Rhiannon i ga'l gwarad â'r rhagfarna hynny, Alun. Mi fu Eirlys a Cemlyn yn help garw hefyd. Fyddwn i'n lecio meddwl bod gin i feddwl gwyddonol. Wel, mi oedd 'yn agwedd i at rei o gwestiyna mawr bywyd yn rhagfarnllyd ac yn anwyddonol.

'Dwi'n ddyledus i Cemlyn ac Eirlys am bob math o gymwynasa. Cyndyn iawn o'n i o ymuno efo'r Crwydriaid. Faswn i byth wedi gneud tasa Eirlys heb fod mor driw i Rhiannon yn ystod y misoedd ola. Ond ma'r crwydro wedi gneud byd o les imi. Nid yn unig y cerddad a'r cymdeithasu. Mae o wedi lledaenu 'ngorwelion i, yn ffigurol ac yn llythrennol.'

'Shwt hynny'n gwmws?' gofynnodd Alun.

'Rydw i'n gweld y wlad o 'nghwmpas i, y wlad ces i 'ngeni a'n magu yn'i, Cymru, drwy lygaid newydd,' meddai Huw. 'Yn dechra dallt am y tro cynta rioed be ydi'r grymustera naturiol a dynol luniodd y brynia a'r mynyddoedd, y dirwedd a'r gymdeithas. Ond yn fwy na hynny, be ydi'r grymustera sydd wedi llunio'n byd ni ac sy'n peryglu'r blaned os na lwyddwn ni i'w ffrwyno nhw.

'Yr ysgol oedd fy myd i cyn i Rhiannon fynd yn sâl, a 'ngorwelion i fawr lletach na'r lôn rhwng fy swyddfa i a Neuadd y Sir. Wyddost ti 'mod i wedi bod yn ddisgybl, yn athro, yn bennaeth adran, yn ddirprwy ac yn brifathro yn 'rhen Academi? Bywyd set a threfnus iawn ges i, Alun, nes i'r annisgwyl ddigwydd, a'i droi o ben i waerad. Gwahanol iawn i chdi. Mi wyt ti wedi byw bywyd llawn a chyffrous.'

'O'dd e'n gyffrous yng Ngwlad y Basg, Huw,' cydnabu Alun. 'Rhy gyffrous. Ond cyn 'ny, beth 'nes i? Helpu 1 y cant o bobol y byd i ddod yn fwy cyfoethog a'r 99 y cant arall i fod yn dlotach.'

'Mi wyt ti wedi rhoi'r gora i hynny?'

'Do. Ond beth fi'n neud nawr? Dysgu Saeson shwt i beidio mynd ar goll ar y mynydde a shwt i droi caiac drosodd heb foddi! So i ariôd wedi gneud jobyn iawn, Huw. Ond ma dysgu plant yn jobyn gwerth chweil. Fi'n edmygu pobol fel chi.'

Soniodd Huw Pritchard fwy nag unwaith, yn ystod y seiadau hynny, am ei gyfarfyddiad cyntaf â'i wraig:

'Pan o'n i'n gneud 'yn "school prac", mi ddath 'na stiwdant o'r Normal aton ni i neud yr un peth. Coblyn o bishyn, a'r dynion ar y staff a hogia'r chwechad i gyd yn glafoerio drosti. Rhiannon, wrth gwrs. Gyntad ag y gwelis i hi, mi wyddwn mai hi oedd yr un. Fel teimlist ti am y ferch ifanc fuost ti'n ganlyn yng Ngwlad y Basg. Gymrodd hi sbel nes teimlodd Rhiannon 'run fath amdana i, ond mi ddigwyddodd. Diolch byth!

'Mi oedd 'rhen Twm Wac a Meri Pritchard o'u coua. Y ddau wedi gwirioni efo'r hogan bûm i'n ei chanlyn am ddwy flynadd. Margery Taylor. Hogan beniog iawn. Saesnas a dipyn o steil gynni hi ac yn studio am PhD. Mi fasa gynnon ni Ddoctor yn y teulu! Mwy o gatsh o lawar na Chymraes fach oedd yn dysgu Art a Gwnïo i blant tai cyngor, er ei bod hi "gin ddelad â doli", chwadal Nhad.'

Bob tro y llongyfarchai Alun ei gyfaill ar ei ginio dydd Sul, byddai Huw yn dweud gydag ochenaid: 'A fedrwn i ddim berwi wy na gneud panad i mi'n hun nes a'th Rhiannon yn sâl.'

Un tro, crwydrodd eu sgwrs at y rhesiad o nofelau gan Thomas Hardy roedd Huw wedi eu hetifeddu gan ei dad ac meddai: 'Wedi imi golli Rhiannon, mi es ati, 'mhen hir a hwyr, i roid trefn ar y tŷ. Penderfynu be i neud efo'i phetha hi. Be i gadw a be i roid i ffrindia ac i siopa elusen. Mi benderfynis neud 'run fath hefo rhei o lyfra Nhad. Ymlith rheini roedd nofela Thomas Hardy i gyd, a'i gofiant o – weli di'n fan'na, ar y pen – gin ddynas o'r enw Claire Tomalin. Ddarllenis i hwnnw er mwyn gweld pam bod gin 'rhen Twm Wac a W J Gruffydd gymaint o feddwl o Hardy. A darllan sut na sylweddolodd Hardy gymaint roedd o'n caru ei wraig gynta nes bu honno farw. Ond mi fedrodd o fynegi ei deimlada a'i hirath yn rhei o gerddi mwya cywrain yr iaith

Saesnag. Be sy gin i? Hirath. Atgno. Dyna ichdi air Cymraeg da, Alun. "Atgno"…'

'Beth ma'n olygu?' gofynnodd Alun.

'Ca'l dy frathu, dy gnoi gin euogrwydd ac edifeirwch. Am rwbath ma hi'n rhy hwyr iti ei newid o.'

'Pam byddech chi'n teimlo fel'ny, Huw?'

'Mi ddaliodd Rhiannon a fi i fod yn ddau gariad nes ganwyd Eifion. Wyddwn i ddim am ei rywioldeb o ar y pryd, wrth reswm. Yn hwyrach y dath hynny. Ond mi newidiodd perthynas Rhiannon a fi. Mi a'th hi'n fwy o fam nag o wraig a chariad. A finna'n gwrthryfela fel byddwn i'n erbyn Mam. Ac yn dechra gweld y teulu yn 'y nghaethiwo i, yn garchar, fel byddwn i'n gweld 27, Llyfni Terrace nes imi fynd i'r coleg.

'Y ffurf fwya eithafol gymrodd y gwrthryfal hwnnw oedd anffyddlondeb. A' i ddim i fanylu nac i gyfiawnhau nac i feio'n hun. Ond rydw i wedi bod yn hollol ffyddlon i Rhiannon er imi 'i cholli hi. Dyna pryd y sylweddolis i 'mod i'n ei charu hi a hitha wedi 'ngharu i, er gwaetha pob dim, a bod yr atyniad yn ddyfnach ac yn gryfach na rhyw a thebygrwydd cefndir, diddordeba ac iaith.

'Mi ges i 'nhemtio gin Maggie Alexander. Rhywun ddim yn annhebyg i chdi, Alun.'

'Pam chi'n gweud hynny?' holodd Alun, a thinc bryderus yn ei lais er ei waethaf.

Sylwodd Huw ddim. 'Dach chi'ch dau'n dipyn o "free-spirits", meddai. 'Byw fel fynnoch chi. Gneud fel fynnoch chi. Dynas ddiddorol iawn oedd Maggie Alexander. Andros o bishyn. Ddaethon ni'n dipyn o ffrindia. Cerddad hefo'n gilydd bob hyn a hyn. Tydw i rioed wedi deud hyn wrth neb o'r blaen, Alun, ond rwbath ddigwyddodd rhwng Maggie a fi achosodd iddi ada'l y Crwydriaid a Chymru, am wn i. Mi aethon ni – hi a fi – i wersylla i'r Mwnt, yn Sir Abarteifi. Dwy baball ar wahân. Parchus iawn. Ond ar ôl picnic braidd yn feddwol, ddalion ni ati i slotian yn un o'r tentia a… wel… os medar dyn ga'l ei dreisio gin ddynas, dyna ddigwyddodd. Fwy neu lai. "Technical knock-out" oedd hi, yn nherma bocsio, ond mi oedd gin y ddau ohonan ni gwilydd ac mi aethon ni'n ôl am y Gogladd bora dranno'th yn reit ddiddeud.'

Hunangofiant Annes

'CHEI DI DDIM cysgu yma y penwsnos nesa,' meddai Annes un nos Sadwrn wrth iddynt noswylio. 'Ma Dad a Mam yn dŵad i aros hefo fi.'

'Gadwa i draw 'te.'

'Ddeudis i mo hynny, Alun. Jest bo fi'n meddwl na fasa 'run ohonan ni'n pedwar yn cysgu llawar tasa ni'n fan hyn a nhwtha drws nesa. Ma nhw'n eangfrydig iawn… ond mi wyt ti'n dallt?'

'Wrth gwrs,' meddai Alun â chusan ar ei thalcen.

'Leciwn i ichdi 'u cwarfod nhw. Chi'ch tri ydi'r bobol bwysica yn 'y mywyd i.'

'Diolch am y compliment, Annes.'

'Be tasan ni'n pedwar yn mynd allan am bryd nos Wenar neu nos Sadwrn?'

'Ffein.'

Meddyliodd Annes am ennyd a'i llaw ar switsh y lamp wrth yr erchwyn, ac yn lle diffodd y golau trodd at ei chywely ac meddai: 'Leciwn i ichdi wbod mwy amdana i cyn iti 'u cwarfod nhw.'

'Oes 'da ti rywbeth ofnadw ti'n gwato?'

'Rhei petha annymunol. Mi wyt ti wedi deud cymaint o dy hanas di wrtha i. Wedi bod mor onast. Dw inna isio bod 'run fath. Dwi wedi blino gormod heno. Fedri di ddŵad draw 'ma nos Lun? Naci, nos Fawrth?'

'Alla i.'

''Na i rwbeth ffwr â hi inni.'

Diffoddodd Annes y golau.

Dododd Alun ei freichiau amdani ac meddai: 'Os wyt ti'n moyn siarad, fi'n fo'lon grando.'

Nos Fawrth ddaeth.

'Bora 'ma, mi wyddwn i'n union be o'n i am ddeud wrthat ti,' meddai Annes. 'Rŵan, sgin i ddim clem lle i ddechra.'

Gorweddai ar ei hyd ar y soffa, ei chefn yn pwyso ar glustog a'i thraed ar liniau ei chariad.

'Dechre yn y dechre,' gorchmynnodd Alun.

'Be? 'Ngho cynta i?'

'Jest gwed pwy 'yt ti…'

'Mi wyddost ti pwy ydw i.'

'Gwed pwy 'yt ti, ble cest ti dy eni a phryd. Pwy yw dy rieni di etc, etc…'

'Fel ma nhw'n gneud yn Alcoholics Anonymous?'

'Gwmws.'

'Fy enw i yw Annes Gwynn,' meddai hithau'n goeglyd. 'Bedyddiwyd fi'n Annes Mai Gwynn Evans ond gollyngais yr Evans a'r Mai flynyddoedd yn ôl. Ganwyd fi ar y trydydd ar ddeg o Fai, 1981 yn unig ferch i'r Parch. D Gwynn Evans, BA, BD a Mrs Myfanwy Helen Evans…'

Newidiodd Annes ei hieithwedd a'i goslef:

'Ma Nhad yn weinidog ar dair o eglwysi yn ardal yr Wyddgrug ac un dros y ffin. Pan ddaethon nhw i'r Wyddgrug gynta dim ond dwy oedd gynno fo. Mi fuo Mam yn cadw siop a'r post ym mhentra Cilcain tan yn ddiweddar.'

Oedodd Annes i hel ei meddyliau ac meddai Alun i'w helpu: 'Gest ti dy fagu ar "aelwyd grefyddol", ys gwedon nhw?'

'Do, ond theimlis i rioed fod hynny'n orthrwm. Mi fyddwn i'n gweld y capal yn lle difyr. Yr oedfaon yn boring, ond mi fyddwn wrth fy modd yng Nghlwb y Plant, Clwb yr Ienctid, Steddfod y Capal a ballu.'

'Nest ti ddim gwrthryfela?'

'Do. Do mi 'nes, Alun. Ond nid fel wyt ti'n feddwl. Pan o'n i'n rhyw bymthag oed mi ddes i'n ffrindia hefo hogan o'r enw Abigail Norris. Mi oedd hi a'i theulu'n grefyddol iawn. Yn

Efengylwyr brwd. Mi ddechreuis fynd i'w capal nhw a mynd i deimlo fod gwasanaetha capal Dad yn sidêt, parchus a di-ffrwt i'w cymharu efo rhei Calfaria.

'Mi oedd 'yn rhieni i'n falch o 'ngweld i'n cymryd cymaint o ddiddordab mewn crefydd i ddechra ond pan ddes i adra ryw nos Sadwrn o gwarfod gweddi ym Mhrestatyn a chyhoeddi'n orfoleddus 'mod i wedi "camu drwy fwlch yr argyhoeddiad", dyna ddechra gofidia go-iawn. Deimlon nhw 'u bod nhw'n 'y ngholli i.

'Mi ges i ddau gariad yng Nghalfaria. Iesu Grist a Ioan Charles Stafford. Mi oedd Ioan saith mlynadd yn hŷn na fi ac yn wyddonydd hefo Airbus ym Mrychdyn. Un tal, main, dipyn o gochyn ac yn moeli oedd o, ond pan fyddwn i'n meddwl am Iesu Grist fyddwn i'n gweld gwynab Ioan a vice versa. Mi ddisodlodd Ioan Abigail a'i theulu fel mentor ysbrydol. Roeddwn i'n edmygu ei allu o i roid atebion gwyddonol i amheuwyr a chablwyr. A'i bwyslais o ar burdeb a glendid buchedd. Ond dorris i 'nghalon pan ddeudodd Ioan na cosbedigaeth dragwyddol yn Uffern fydda tyngad Nhad a Mam oni bai eu bod nhw'n cael eu haileni yng Nghrist. "Ma dy dad yn ddyn da, o gymeriad dilychwin, Annes," medda Ioan, "ond agnostig rhyddfrydol, lled Gristnogol ydi o a fydd o na dy fam ddim yn gadwedig os na 'nân nhw gydnabod Crist fel Ceidwad a Phrynwr personol."'

Oedodd Annes dan deimlad am ysbaid faith. Arhosodd Alun yn amyneddgar iddi lefaru eto.

'O fewn blwyddyn imi fynychu Calfaria ges i a Ioan 'yn cydnabod fel "ffrindia". Ddyweddïon ni wsnos cyn imi fynd i Fangor i studio Cymraeg a Diwinyddiaeth. Ches i ddim bywyd coleg ar wahân i gyfarfodydd y Gymdeithas Efengylaidd. Fyddwn i'n dŵad adra'n ddi-ffael bob nos Wenar i "fwrw'r Sul".'

Adroddodd Annes sut y bu ei darlithwyr a'i rhieni'n erfyn arni i astudio am radd bellach ac iddi wrthod gan mai ei delfryd oedd dychwelyd i Sir y Fflint i briodi Ioan a magu teulu Cristnogol. Byddai hi'n cyfrannu at yr economi drwy efelychu ei mam a gwragedd rhai o gewri Methodistiaeth Galfinaidd a chadw siop – Crefftau Cristnogol Crafts, yn ei hachos hi.

Nid oedd Ioan mor awyddus iddynt briodi'n syth bìn wedi i Annes raddio gydag anrhydedd dosbarth cyntaf, ond ildiodd i'w thaerineb hi a'r eglwys a phriodasant y mis Hydref canlynol.

Roedd y syniad o 'ryw cyn priodi' yn wrthun iddynt ill dau, wrth reswm, ond nid oedd Ioan o blaid cyfathrach rywiol ar ôl priodi chwaith, oni bai fod y ddeuddyn yn bwriadu cenhedlu plentyn, ac nid oedd modd iddo ef ac Annes wneud hynny nes eu bod wedi cynilo digon i allu fforddio prynu cartref a fyddai'n fwy cymwys na'i fflat gyfyng ef yn Shotton.

Derbyniodd Annes y *diktat* hwnnw, fel pob un arall, a gwastrododd ei siom nes iddi hi gyfarfod, ar hap, â Marged Carter, gwraig Phillip, cyfaill gorau Ioan a'i was priodas. Y tu allan i siop Browns of Chester y bu hynny, rhyw brynhawn Sadwrn pan oedd eu gwŷr mewn cynhadledd 'Y Gair a'r Groes' yn Llandrindod.

Cyfarchodd y ddwy ei gilydd gyda'r sirioldeb Efengylaidd arferol ond ciliodd hwnnw'n raddol oddi ar wyneb digolur Marged wrth iddi barablu fel llif yr afon am fanion teuluol a phynciau eglwysig. Yn y man, dechreuodd wylo'n hidl...

'Wyt ti'n iawn, Marged?' holodd Annes mewn braw.

'Ydw,' atebodd Marged, ac yna: 'Nac ydw.'

'Tyd. Awn ni i mewn i'r siop i chwilio am banad,' meddai Annes, 'iti ddŵad atat dy hun.'

Bachodd Annes fwrdd ac archebu te a sgons tra ymwelai Marged â'r tŷ bach. Pan ymunodd ei chyfeilles â hi ymhen rhai munudau roedd yn fwy hunanfeddiannol, er bod ei llygaid a'i thrwyn yn goch a dolurus. Sicrhaodd Annes ei bod 'yn iawn' a thewi wrth i'r ddwy sipian cwpanaid o de a bwyta bob o sgon. Yna gofynnodd Marged:

'Wyt ti, Annes, yn meddwl fod Phil fi a Ioan ti tipyn gormod o ffrindie?'

'Be wyt ti'n feddwl, Marged?'

'Too fond of each other.'

'Wela i ddim sut medran nhw fod yn "rhy hoff" o'i gilydd. Ryden ni i gyd yn gyfeillion yng Nghrist.'

Ofnodd Annes fod Marged am ddechrau wylo unwaith eto. Yn lle hynny, ymwrolodd ei ffrind, gydag ymdrech amlwg, ac meddai:

'Wyt ti'n cofio'r cyfarfod o Bwyllgor Gwragedd yr African Mission oedd i fod i gael ei gynnal yn Wrecsam ond mi gafodd ei ganslo ar y funud ola?'

'Rhyw fis neu ddau'n ôl?'

Nodiodd Marged. 'Ie. Ddeudodd neb wrtha i a wyddwn i ddim nes imi gyrraedd y festri a gweld neges ar y drws. Mi es i'n ôl adre. A ffeindio… a ffeindio, Annes… Phil a Ioan ar y soffa yn ei stydi yn gneud pethe ddylen nhw ddim… A'r plant yn y tŷ! Beth tasen nhw…?'

Wrth i Marged ddisgrifio'r hyn a fu ac ailadrodd esgusodion Phillip a Ioan a'u haddewidion na ddigwyddai'r fath beth fyth eto, caledodd a chryfhaodd ei llais a newidiodd ei gywair o hunandosturi i atgasedd a dirmyg.

Daeth tro Annes i wylo a Marged i gydymdeimlo.

Cyrhaeddodd Ioan Stafford adref mewn hwyliau da am oddeutu deg o'r gloch a chael ei wraig yn eistedd ar un o'r cadeiriau esmwyth o boptu'r tân yn eu stafell fyw ddiaddurn, heblaw am ddwy adnod mewn ffrâm ar ddau bared:

Duw sydd noddfa a nerth i ni.
Cymorth hawdd ei gael mewn cyfyngder…

Molwch yr Arglwydd,
Molwch Dduw yn ei sancteiddrwydd!

Sylwodd Ioan fod y Beibl teuluol ar lin ei wraig.

'Beth fuest ti'n ddarllen, Annes?' holodd.

'Fues i ddim yn darllen,' atebodd hithau.

'Gweld y Beibil Mawr…' ebe Ioan ac eistedd gyferbyn â hi.

'Dim er mwyn ei ddarllen o…'

'O…'

'Welis i Marged yng Nghaer heddiw'r pnawn.'

'Marged?'

'Carter. Gwraig Phil.'

'Beth oedd gynni hi i ddeud?'

'Mi aethon ni i gaffi Browns am baned.'

'Chwara teg ichi, a'ch gwŷr yn galifantio!'

'Ie, 'nte? Gaethon ni sgwrs ddiddorol iawn.'

'Do wir?'

'Do. Wir iti.'

Syllodd Annes Gwynn i fyw llygaid ei gŵr ac meddai: 'Mi ddeudodd Marged wrtha i ei bod hi wedi dod adre rhyw fis yn ôl a dy ffeindio di a'i gŵr yn gneud pethe ddylech chi ddim. Ydi hynny'n wir?'

Gwelwodd Ioan, cochodd a gwelwodd eto, cyn holi gyda chwerthiniad ffug-anghrediniol: 'Beth ddeudodd hi?'

'Ei bod hi wedi dy ddal di a'i gŵr yn gneud petha anweddus. Petha rhywiol, Ioan. Oedd hi'n deud y gwir?'

'Oes raid iti ofyn?'

'Wrth gwrs bod raid imi ofyn!'

'Dwi'n siomedig iawn bod gen ti cyn lleied o ffydd yndda i, Annes,' meddai ei gŵr gan gychwyn o'r stafell.

'Pam fydda Marged wedi deud anwiradd wrtha i? Ei bod hi wedi'ch dal chi'n gneud petha "anweddus"? Dyna'i gair hi.'

Trodd Ioan Stafford a wynebu ei wraig yn hunanfeddiannol.

'Dydi'r ddynes ddim yn gall. Dyna pam. Mae Marged Carter yn ddynes eiddigeddus dros ben ac mae ei heiddigedd hi'n faleisus.'

'Roedd hi'n torri'i chalon. Fel bydda i os ydi o'n wir.'

'Dydi o ddim yn wir. Beth welodd Marged oedd Phil a fi'n reslo. Tipyn o hwyl diniwed rhwng ffrindie.'

'Reslo?'

'Ie.'

'Yn stydi Phil?'

'Ie.'

'A'ch trywsuse am eich traed.'

'Celwydd! Ffrwyth dychymyg gwydroedig Marged Carter.'

Cododd Annes y Llyfr oddi ar ei glin ac meddai: 'Rho dy law ar y Beibil. Deuda fod Marged Carter yn gelwyddog ac na nest ti a Phil Carter ddim byd anweddus efo'ch gilydd 'radeg hynny nac unrhyw adeg arall.'

'Wyt ti'n ame 'ngeirwiredd i? Wyt ti'n fy herio i? Cofia eirie'r Apostol Paul: "Y gwragedd, ymostyngwch i'ch gwŷr priod, megis i'r Arglwydd."'

'"Y gwŷr, cerwch eich gwragedd ac na fyddwch chwerwon wrthynt",' oedd ateb parod ei wraig. Tynerodd ei llais wrth iddi ychwanegu, 'Wna i ddim dy sarhau di drwy ofyn iti fynd ar dy lw, Ioan.'

'Diolch byth!' ochneidiodd ei gŵr a thinc fechan fuddugoliaethus yn ei lais.

'Ond rydw i am ofyn iti ddeud y gwir wrtha i. Wyt ti a Phil erioed wedi gneud rhywbeth y bydde arnoch chi gwilydd i Marged a fi a'n cyfeillion ni wybod amdano fo?'

Wedi ysbaid faith, ddirdynnol, llefodd Ioan: 'Do, do... Mi ydan ni ill dau wedi ymbil arno Fo am faddeuant. Ac wedi'i gael o, drwy'i ras anfeidrol O. Mae hyn'na drosodd rŵan. Ar ben. Ddigwyddith o byth eto. Madda imi, Annes. Madda imi, fel mae'r Arglwydd wedi madda imi!'

Cododd Annes a throsglwyddo'r llyfr mawr du i Ioan. 'Mi fedra i fadda iti, Ioan,' meddai. 'Ma'n ddrwg iawn gen i drosot ti.'

Gosododd Ioan y Llyfr ar fraich ei gadair cyn codi a'i freichiau ar led i gofleidio Annes.

Camodd hithau oddi wrtho ac meddai: 'Na, Ioan. Mi faddeua i iti. Ond fedra i ddim byw hefo ti.'

'Wyt ti ddim yn meddwl 'ngadael i?' arswydodd Ioan.

'Ydw.'

'Chytuna i ddim i dy ysgaru di, Annes. Byth. "Y peth a gysylltodd Duw, na wahaned dyn."'

'Wyt ti'n cofio'r adnod o'i blaen hi? "A hwy ill dau a fyddant un cnawd: fel nad ydynt mwy ddau, ond un cnawd."'

Trodd Annes ar ei sawdl a gadael y stafell, fflat ei gŵr a'i phriodas.

Gan ddilyn cyngor ei rhieni, cydsyniodd Annes i dderbyn cwnsela gan aelodau amlwg o'r eglwys a ymdrechai i arbed ei phriodas. Unig effaith hynny fu ei hargyhoeddi ei bod hi'n 'agnostig rhyddfrydol, lled Gristnogol' fel ei thad.

Cydsyniodd Ioan, maes o law, i roi ysgariad didrafferth i Annes, a mudodd i Toulouse a swydd dda iawn ym mhencadlys cwmni Airbus.

Llwyddodd y cwnselwyr i gymodi Phillip a Marged Carter.

Dan nawdd ei rhieni, dychwelodd Annes i Fangor, y tro hwn i astudio am ddiploma mewn Gwaith Cymdeithasol. Gweithiodd mor gydwybodol ag o'r blaen gan fwynhau bywyd coleg, heb fynd dros ben llestri. Nid oedd wedi ymryddhau o afael ffwndamentaliaeth er mwyn mynd yn gaeth i gyffuriau eraill, boed gyfreithlon neu anghyfreithlon.

Dychwelai i Sir y Fflint ambell benwythnos, yn enwedig pan fyddai cynhyrchiad a'i denai yn Theatr Clwyd. Un o'r rheini oedd trosiad Saesneg o *Miss Julie* gan August Strindberg gyda chast o actorion Cymraeg.

Yn dilyn y perfformiad, safai Annes ymhlith y dorf sychedig a ymwthiai at y bar, yn disgwyl ei thro i archebu sieri melys i'w mam a hanner o lager yr un iddi hi a'i thad, pan drodd gŵr ifanc pryd tywyll, tal ati a'i chyfarch:

'Ga i hwn ichdi, Annes. Be ydi o?'

'Dim byd, diolch,' atebodd hithau'n siort. 'Dwi mewn rownd.'

'Ga i'r rheini hefyd.'

'Dim diolch.'

'Be oeddat ti'n feddwl o'r sioe?'

'Da iawn,' meddai Annes yn swta, gan syllu'n syth yn ei blaen. 'Sut gwyddoch chi'n enw i?'

'Welis i chdi yn y Globe ym Mangor ryw bythefnos yn ôl. Roeddat ti a dy ffrindia wedi bod yng nghwarfod y Cymric.'

Trodd Annes i edrych ar wyneb y dieithryn. Yr un un oedd y llanc a wenai'n ddireidus arni â Jean, yr adyn didostur, gwrthryfelgar a gwasaidd a lenwai'r llwyfan brin chwarter awr yn gynharach.

'Deiniol Gwyrfai ydach chi?'

'Ia, dwi'n meddwl.'

'Llongyfarchiada. Roeddach chi'n wych!' meddai, cyn ychwanegu ar unwaith: 'A'r lleill hefyd. A'r cynhyrchiad i gyd.'

'Diolch, Annes,' meddai Deiniol. 'Be am ddŵad am gyrri hefo ni nes ymlaen? Diwadd y ryn. Gawn ni hwyl.'

'Diolch am y cynnig, ond dwi efo rhywun,' meddai hithau fymryn yn gleniach.

'Biti. Be am gwarfod ym Mangor wsnos nesa 'ta? Globe, nos Ferchar, hannar awr wedi saith?'

'Wn i'm...'

'Gwatsha golli dy dwrn, Annes. Chdi sy nesa.'

'Ddysgis i gymaint gynno fo,' meddai Annes wrth sôn wrth ei chariad am ei pherthynas â Deiniol Gwyrfai.

'Er enghraiffт?' holodd Alun.

'Dysgu byw. Mi ehangodd Deiniol 'ngorwelion i. Yr unig ddiwylliant oedd gen i cyn imi 'i gwarfod o oedd y Beibil, yr

Urdd, llyfra gosod y cwrs Cymraeg a diwinyddiaeth. Wyddwn i ddim am gelf, dim am gerddoriaeth ar wahân i *Caniadaeth y Cysegr* a dim am lenyddiaeth heblaw am nodiada athrawon a darlithwyr.

'Fydda fynta'n deud 'mod i wedi gneud byd o les iddo fo. Ei gallio fo. Pharodd hynny ddim yn hir, gwaetha'r modd. Fi oedd ei lucky charm o, medda Deiniol. Welodd un o gyfarwyddwyr yr RSC ei berfformiad o yn *Miss Julie* a chynnig gwaith iddo fo yn Stratford a Llundan. Mi fu mewn rhes o gynyrchiada efo'r RSC ac un yn y West End.

'Fyddwn i'n mynd at Deiniol, lle bynnag bydda fo, ddwywaith neu dair bob mis. Gwarfis i bobol ddiddorol o bob cwr o'r byd – actorion, sgwenwyr, cerddorion, arlunwyr a phobol reit bwysig mewn pob math o wahanol feysydd. Roedd o isio imi aros efo fo drw'r amsar. Wrthodis i am 'mod i'n meddwl fod 'ngwaith i'n rhy bwysig a bod f'angan i yma. Dwi'n difaru rŵan. Taswn i wedi mynd, ella basa Deiniol yn dal yn fyw.'

'Wedodd Ems bod e'n ifed yn drwm.'

'Yn ôl y cyfarwyddwr "ddarganfyddodd" Deiniol, roedd o'n diodda o be alwodd hwnnw yn "Celtic Actor Syndrome" – actorion carismatig a deinamig o Gymru a Werddon fel Richard Burton, Anthony Hopkins a Peter O'Toole, a sgwenwyr fel Dylan Thomas a Brendan Behan, sy'n syfrdanu'r Saeson am eu bod nhw gymaint mwy eofn ac egnïol na luvvies Lloegar. Nhwtha'n gwirioni ac yn gneud ati i ga'l sylw odd'ar y llwyfan wrth feddwi, hel merchaid a mynd dros ben llestri yn gyffredinol. Yn mynd yn gaeth i enwogrwydd a lysh a marw'n ifanc, neu sobri a cholli'r awen, fel g'naeth O'Toole a Hopkins. "That's got nothing to do with Celtic blood, genes or twilight, Deiniol," medda'r cyfarwyddwr wrth Deiniol, fwy nag unwaith, "and a lot to do with social and cultural inferiority complexes."'

''Na pam gwploch chi?'

'Un rheswm. Benderfynis i ddŵad â'r berthynas i ben pan

sylwodd Siân, un o 'nghleients i, ar gleisia ar 'y ngwddw a'n ysgwydd i wrth inni newid ar ôl bod hefo'r plant yn y pwll nofio. O'n i newydd fod yn pregethu wrth y genod y dylan nhw ada'l dyn os oedd o'n eu curo nhw. "Haws deud na gneud, tydi, Annes?" medda Siân dan wenu. "Dwi wedi gneud, Siân," medda finna. "Dyna'r tro dwytha gneith o hyn'na imi." Toeddwn i ddim wedi darfod hefo Deiniol ond mi 'nes. Dri mis yn ddiweddarach mi oedd o wedi marw.'

'So ti'n beio dy hun am 'na, Annes?'

'Nag'dw. Ond waeth imi heb. Fedra i ddim peidio meddwl y gallwn i fod wedi gneud mwy.'

Llifai'r dagrau i lawr gruddiau Annes. Dododd Alun ei freichiau amdani'n dyner i'w chysuro.

Bu'r swper ym mwyty'r Mur yn llwyddiant. Cymerodd Alun a rhieni Annes at ei gilydd ar unwaith. Swynwyd hwy gan gwrteisi, serchogrwydd ac aeddfedrwydd partner eu merch. Teimlai yntau'n gartrefol yng nghwmni rhadlon Gwynn a Myfanwy Evans.

Wrth ddisgwyl am y bil, cloriannodd ei chariad yr hyn a etifeddodd Annes gan ei rhieni. Yn gorfforol, ymdebygai i'w thad, a oedd ddwy fodfedd yn dalach na hi a phedair modfedd yn fyrrach na'i wraig. O ran pryd a gwedd a glesni ei llygaid, tynnai Annes ar ôl ei mam.

Caniatawyd i Alun dalu am y pryd ar yr amod ''yn bod ni'n gneud y tro nesa'.

'Boneddigaidd iawn. Digon yn ei ben o,' oedd asesiad Gwynn Evans yn eu stafell wely yn ddiweddarach y noson honno.

'Hael,' meddai Myfanwy. 'Mi fynnodd dalu am y tacsi hefyd.'

'Dirwestwr.'

'Roddodd o mo'r gwin yn ei sgidia!'

'Hynny ydi: rhywun cymedrol. Nid llwyrymwrthodwr

hunangyfiawn fel Ioan na meddwyn hunangyfiawn fel y llall, y cradur druan.'

'Wyt ti'n meddwl na hwn ydi'r un?'

'Gobeithio na cheith hi mo'i siomi.'

'Eto.'

'Ia.'

Carwriaeth

B U DEUNAW MIS cyntaf perthynas Alun Griffiths ac Annes Gwynn yn baradwysaidd. Credai'r naill a'r llall ei fod, o'r diwedd, wedi darganfod cymar a wireddai ei ddyheadau a'i anghenion emosiynol, syniadaethol a rhywiol dyfnaf.

Yn sgil y garwriaeth, ymunodd Alun â nifer o gylchoedd cymdeithasol diddorol a chyfeillgar: ffrindiau a chyd-weithwyr Annes, mynychwyr perfformiadau theatrig, cyngherddau ac achlysuron diwylliannol eraill, aelodau o Blaid Cymru ac o fudiadau amgylcheddol.

Roedd y Crwydriaid Coch a Gwyrdd wedi gwirioni am iddynt ddod â deuddyn mor deilwng o'i gilydd ynghyd. Ymunai Alun ac Annes â'r teithiau misol yn ddi-ffael a chymdeithasent gyda'r selogion mewn tafarn, bwyty ac o gylch y bwrdd yn eu cartrefi yn amlach fyth. Ychwanegodd prydau Basgaidd a gwinoedd safonol Tyddyn Adda at fri a phoblogrwydd Alun ymhlith y gwahoddedigion.

Ymroddodd Alun i'r bywyd pentrefol gyda brwdfrydedd. Derbyniodd swyddi Trysorydd Pwyllgor y Neuadd a Hyfforddwr Ffitrwydd Pen-y-waun Rangers. Mynychai oedfaon ym Methel a thafarn y Stwmp ac roedd wastad yn barod ei gymwynas i'w gymdogion.

Ddwywaith neu dair bob wythnos, oni bai fod Alun oddi cartref, âi ef ac Annes i loncian ar hyd y llwybr beics rhwng Caernarfon a'r Felinheli, neu o amgylch Llyn Padarn neu Lyn Peris.

Mwynhâi ei waith fel hyfforddwr yng nghanolfannau awyr iach yr ardal. Weithiau âi'r gwaith ag ef i'r Alban a rhai o ardaloedd mynyddig ac arfordirol Lloegr. Bob hyn a hyn gofynnid iddo helpu gyda threfniadaeth rali, protest neu gynhadledd ar gyfandir Ewrop. Daeth Annes gydag ef i rali ym Mrwsel i wrthdystio yn erbyn militariaeth gynyddol yr Undeb Ewropeaidd. Adroddodd hi 'Plentyn y Ddaear' gan Waldo Williams i'r dorf o filoedd o brotestwyr a darllenodd Alun gyfieithiad Saesneg o'r gerdd.

Siomodd Alun ei gariad trwy gadw draw o'r Eisteddfod Genedlaethol rhag iddynt daro ar rywun a adwaenai Elwyn Lloyd-Williams, a'r un modd gydag ymweliad â Phatagonia ac Eisteddfod y Wladfa yng nghwmni criw o bobol o bob cwr o Gymru.

Yn anewyllysgar a dim ond er mwyn plesio Annes yr aeth gyda hi a llond bws o gefnogwyr brwd tîm rygbi Cymru i Gaerdydd i weld gêm yn erbyn Iwerddon. Yno digwyddodd peth y bu Alun yn ei fawr ofni. Wrth iddynt ymwthio tua bar yr Old Arcade yng nghanol sgrym o grysau cochion, cyfarchwyd ef gan ddyn penfoel, boliog o'r un oedran ag ef.

'Elwyn!' llefodd y dieithryn.

Anwybyddodd Alun y dyn.

'Aren't you Elwyn Williams? From Radyr? Remember me? Jason Simpson? We were in Rhydfelen together!'

'You got the wrong guy, butt. I'm Alun Griffiths from Abercynon,' meddai Alun gyda gwên gwrtais, cyn troi at Annes a dweud: 'Dere. Ewn ni i'r Park, at y crachach. Bydd mwy o obeth am beint man'no.'

'Fi'n still gallu siarad Cymraeg though I haven't spoken a word of it for twenty years!' cyhoeddodd y meddwyn wrth i Alun dywys ei gariad drwy'r môr coch.

Pan glywyd sibrydion fod consortiwm o gynghorau sir y Gogledd yn ystyried gwahodd tendrau ar gyfer adeiladu llosgydd sbwriel enfawr yng nghyffiniau Bangor, aeth Alun ac Annes, gyda sêl bendith y Crwydriaid, i Ferthyr Tudful i weld sut y llwyddwyd i atal prosiect cyffelyb yno, ac yna ymlaen i Sblot i holi ynglŷn ag ymgyrch a oedd yn dal i fynd rhagddi yno. Wrth iddynt gynllunio'r daith, nogiodd Alun pan awgrymodd Annes eu bod yn dargyfeirio i Abercynon er mwyn iddi weld y fro y ganed ac y maged ef ynddi.

'Bydde 'ny'n bradu amser a phetrol, cariad,' meddai.

'Ddim llawar o amsar na phetrol,' awgrymodd hithau.

'A bod yn onest, Annes, sa i'n moyn gweld y twll lle!'

'Os na felly wyt ti'n teimlo…'

Ymddiheurodd am ei hateb mor sarrug:

'Sdim atgofion hapus iawn 'da fi am 'mhlentyndod, ti'n gweld, cariad,' meddai. 'Fel pob un o'r coliers a'th ar streic yn '84 a sefyll mas am flwyddyn, o'dd Nhad yn arwr. Ond… Sa i wedi gweud hyn wrthot ti… Wrth neb, fi'n credu… Bastard o'dd e i Glyn a Mam a fi. Beth o'dd y ddihareb wedest ti am y cynghorydd sir ti ddim yn lico? "Angel pen ffordd, cythrel pen pentan"? Wel, 'na nhad i. Rhegi, coethan a clatsho, y tri o'non ni pan fydde fe'n feddw neu ddim yn ca'l ei ffordd ei hunan. O'dd ei frawd e, Wncwl Jack, yn wa'th. O'dd e'n pervert, Annes… Sori… Sa i'n moyn mynd 'nôl. Bydde'n difetha'r trip…'

'Ma'n iawn, cyw, ma'n iawn,' meddai Annes gan fwytho'i ben.

Aethant o dde-ddwyrain Cymru i dde-ddwyrain Lloegr ac i wersyll-gynhadledd ar gynaladwyedd a noddwyd gan y Blaid Werdd a phapur bro radicalaidd:

The Pork-bolter is a totally independent newsletter produced by and for the ordinary residents of Worthing. Our name comes from an ancient and deliciously obscure nickname for Worthing people dating back to its fishing village days.

We tend to get excited about minor, unfashionable causes like freedom, justice and nature. In the light of this, it should come as no surprise to learn that we have nothing to do with any politial party of any persuasion.

Our message is 100% organic, grown in the soil of our own local history, and has neither been genetically modified by sinister American corporations or chemically sterilised by corrupt centralised political parties.

Teimlai Annes yn gartrefol ymhlith y Gwyrddion hwyliog, gwâr ac yn fwy fyth yng nghwmni'r eco-ryfelwyr anarchaidd roedd eu delfrydau a'u hargyhoeddiadau mor debyg i'w rhai hi: cyfuniad o gwlt y filltir sgwâr, heddychiaeth, rhyng-genedlaetholdeb, gwrth-imperialaeth, gwrth-Americaniaeth a gwrth-awdurdodaeth.

Edmygai'r Gymraes effeithiolrwydd, dyfeisgarwch a llwyddiant ymgyrchoedd y Saeson hyn i warchod coedlannau, meysydd ac arfordiroedd yn Worthing a'r cyffiniau, a dygnwch eu hymdrechion i ddatgelu drwgweithredoedd cynghorwyr a biwrocratiaid llygredig.

Ar noson olaf hafaidd, hyfryd eu harhosiad gorfu i Alun ddadlennu sgiliau y buasai'n well ganddo pe na wyddai ei gariad amdanynt.

Roeddynt wedi mynd am bryd o fwyd i'r Vintner's Parrot, tafarn hynafol yng nghanol tref Worthing, gyda thri chwpwl arall: Joyce ac Eric, canol oed, o Stoke; Chris, croenddu, a'i gariad croenwyn, Paula, o Lundain; a Dan a Dirk, hoywon o'r Isalmaen.

Dychwelent yn hamddenol tua'r gwersyll ar gwr y dref dan sgwrsio a chellwair nes cyrraedd y Castle Tavern ar gornel Newbrook Road a Broadwater Road. O flaen y dafarn safai criw o ddynion ifainc ac ambell ferch yn yfed ac yn smygu. Pennau moel, sgleiniog, fests, tatŵs, jîns blêr, siorts llaes, fflip-fflops neu *trainers*, crysau England.

Gwaeddodd un o'r potwyr: 'Look! It's them Dutch poofters!'

'And a nig-nog!' llefodd un arall.

Ar amrantiad, amgylchynwyd y cyfeillion gan haid elyniaethus yn bloeddio anlladrwydd i wynebau Dan, Dirk a Chris.

'You leave them alone!' protestiodd Joyce ac Eric.

Gwthiwyd hwy o'r neilltu yn sarhaus.

'Yes! Stop it. Now!' gorchmynnodd Alun yn awdurdodol, gan sefyll rhwng ei gyfeillion a'u herlidwyr.

Pan gydiodd un o'r giwed yn *dreadlocks* Chris, ffrwydrodd y Cymro. Cystwyodd ei wrthwynebwyr â dyrnau, peneliniau, pengliniau ac esgidiau Doc Martens. Mewn amrantiad, gorweddai pedwar ohonynt ar yr heol dan riddfan tra nadai tri arall mewn gwewyr wrth i waed lifo i lawr eu hwynebau.

Heb air o'i ben, heriodd Alun y rhelyw i ymosod arno.

Gwell fu ganddynt ufuddhau i argymhellion cwsmeriaid eraill a staff y dafarn, a'u hebryngodd hwy a'r clwyfedigion o faes y gad.

Cerddodd yr wyth yn fud tua'r gwersyll ond pan ddaeth yn bryd iddynt ymwahanu, ysgydwodd y dynion law Alun a tharodd Paula a Joyce gusan ar ei foch.

'Thanks, love,' meddai Joyce.

Parodd y mudandod rhwng Alun ac Annes nes iddo ofyn iddi, a hwythau'n gorwedd yn eu sach gysgu: 'Ti'n grac 'da fi?'

'Feddylis i bo chdi'n credu yn y dull di-drais o ddatrys anghydfod?'

'Fi'n wrth-filitarydd sy'n meddwl bod 'da unigolyn hawl i amddiffyn ei ffrindie a fe'i hunan pan fydd diawled diened fel'na'n ymosod arnyn nhw.'

'Dim ond bygwth nath rheina.'

'Ti'n meddwl dylen i fod wedi aros iddyn nhw ddechre wado Chris a Dan a Dirk? Fi ddim. "Get your retaliation in first!" ys gwedodd Carwyn James. A shwt basiffist o'dd dy arwr mawr di,

Waldo Williams? Wedodd Cem fod e'n pwno plant pan o'dd e'n ysgolfeistr a bod 'da Ghandi syniade od boiti menywod ac untouchables.'

Trodd Annes y stori a gofyn:

'Lle dysgist ti gwffio fel'na?'

'Abercynon.'

'Ma raid ei fod o'n lle gwyllt ar y naw.'

'O'dd e. Ofnadw. Ond yn Croydon dysges i martial arts. Ges i a Glyn shwt stick 'da'r cryts erell pan symudon ni i Lundain am bod 'yn Saesneg ni mor Gymreigaidd, halodd Steve, partner 'yn fam, ni i ddosbarth karate, fel bod ni'n gallu disgwl ar ôl ein hunain. Dalies i i fynd ar ôl hynny, er mwyn cadw'n ffit.'

Tawodd y ddau a chysgu'n anniddig nes i Annes ddeffro Alun â chusan ar ei wefusau. 'Sori,' meddai.

'Am beth?' holodd yntau'n ffwndrus.

'Am fod mor flin hefo chdi. Ar ôl y ffeit.'

'Jest gweud dy farn oe't ti.'

'Mi o'n i'n flin. Am bo chdi wedi deffro teimlada diarth yna i. Ddychrynis i pan welis i chdi'n rhoid cweir i'r cnafon 'na ac mi o'n i wrth 'y modd 'run pryd. O'n i mor falch ohona chdi. 'Y mronna i'n chwyddo wrth feddwl bod gin i gariad mor ddewr. Mor barod i achub cam pobol ddiniwad.'

'Paid...'

'Dydw i rioed wedi caru neb na dim gymaint ag rydw i'n dy garu di, Alun.'

Cymodi

B U'N GYFNOD DYMUNOL dros ben yn hanes Elwyn Lloyd-Williams hefyd.

Ymwelai â Chaeredin o leiaf unwaith y mis, lle derbynnid ef fel aelod atodol o deulu newydd Kathryn. Croesawodd ei gyn-wraig y newydd fod ei chyn-ŵr yn bwriadu gadael yr heddlu 'cyn bo hir' a'i fod yn awyddus i gryfhau ei berthynas â David ac Andrew ac i hyrwyddo eu haddysg a'u hadnabyddiaeth o'r byd.

Ymwelai'n amlach â Radur, gan i'w fam gael llawdriniaeth i dynnu tyfiant bychan o'i bron. Bu'r driniaeth yn llwyddiannus ond achosodd yr anhwylder lawer o bryder i deulu Heulwen Lloyd-Williams. Ategodd y gofid a'r llawenydd a'i dilynodd y rhwymau teuluol y gorfu i Elwyn eu hesgeuluso gyhyd, a chynyddodd ei awydd i roi'r gorau i blismona.

Synhwyrodd y teulu fod Elwyn yn fodlonach ei fyd nag y bu ers blynyddoedd. Dyfalodd ei fam fod a wnelo rhyw ddynes â'i radlonrwydd.

'Pryd cawn ni 'i chwarfod hi, Elwyn?' holodd Heulwen Lloyd-Williams.

Roedd hi'n dal i wella ar y pryd, a'i mab wedi mynd â hi i Benarth i gael awyr y môr. Eisteddent ar un o feinciau'r pier yn syllu tua'r gorllewin a'r machlud. Nid unrhyw beth a ddywedwyd yn flaenorol gan y naill na'r llall a ysgogodd ei chwestiwn.

'Cwarfod pwy, Mam?' holodd Elwyn yn ddiniwed.

'Y ddynas 'ma sy gin ti.'

'Pwy ddwedodd bod gen i ddynes?'

'Doedd dim raid i neb ddeud wrtha i.'

Wedi saib hir, cyfaddefodd ei mab: 'Ma 'na rywun, Mam. Leciwn i i chi a'r teulu ei chwarfod hi. Mae hi'n arbennig iawn. Rydan ni ill dau'n hapus iawn. Dwi'n gobeithio byddwn ni gyda'n gilydd am hir... Am byth... Ond mae'r sefyllfa'n gymhleth ar hyn o bryd.'

'Fel arfar, El,' ochneidiodd Heulwen Lloyd-Williams.

'Bydd raid imi roi'r gora i'r job i ddechra...'

Llonnodd ei fam drwyddi: 'O ddifri, Elwyn?'

'Dim jest y job rydw i'n neud ar hyn o bryd. Y ffôrs...'

'Rydw i mor falch o glwad hyn, 'nghariad i,' meddai hi gan wasgu llaw ei mab a chusanu ei dalcen yn dyner.

'Fedra i ddim jest rhoid mis o notis. Ma 'na bob math o gymhlethdoda.'

'Cymraes ydi hi?'

'Lân, loyw. Nashi go-iawn, fyddwch chi'n falch o glywed.'

'Ac yng Nghymru fyddwch chi'n byw?'

'Fasa hi ddim yn byw yn 'run wlad arall, Mam. Dwi inna isio dŵad adra. Yn ôl i Gymru, o leia. Ond ma 'na lot o betha i'w setlo gynta.'

'Hi sy'n mynnu bo chdi'n rhoi'r gora i fod yn blisman?'

'Ŵyr hi ddim mai dyna ydw i.'

'O... Sefyllfa gymhleth.'

'Ia, Mam. Ond dwi'n ysu am adael y ffôrs.'

'Dwi'n falch iawn o glwad hynny, Elwyn,' meddai ei fam gan gydio yn ei law eto a chodi oddi ar y fainc. 'Tyd. Awn ni am adra. Mae hi'n dechra oeri.'

'Dim gair wrth neb arall am be ddeudis i,' meddai yntau wrth godi ar ei draed.

Tawedog fu'r ddau yn ystod y siwrnai yn ôl i Radur: Heulwen Lloyd-Williams wrth ei bodd fod ei dyheadau ar fin cael eu gwireddu ac Elwyn yn ymgodymu â'r broblem a'i blinai beunydd, beunos.

Hunaniaeth

S UT ROEDD DOD yn un dyn eto? Yn un dyn cyflawn, cyfan yn lle bod yn ddau ddarn anghydmarus? Sut, heb bechu Annes a'i ffrindiau newydd ar y naill law, nac NPOIU a'i gyd-blismyn ar y llall, roedd impio daliadau 'chwyldroadol' Alun Griffiths a'i gariad at Annes ar hanes Elwyn Lloyd-Williams a'i yrfa fel plismon ac aelod o'r heddlu cudd?

Berwai'r cwestiynau hynny ei ben gydol y daith o Radur i hen gloddfa alcam ar gyrion Plymouth a oedd wedi ei haddasu ar gyfer sgarmesau *paintball*. Yno i fanteisio gydag ef ar gyfleusterau fel yr 'authentic Vietnamese village, tropical swamps & jungles' roedd oddeutu ugain o guddweision eraill. Byddent yn treulio tridiau yn cymryd arnynt fod yn Viet Cong neu'n US Marines wrth danio Inferno Mark II Paint Blasters at ei gilydd yng nghorsydd a dryswigoedd trofannol Dyfnaint ac ymlusgo drwy laid efelychiad 'authentic' o'r Ho Chi Minh Trail.

Amcan penwythnosau o'r fath, fel arfer, yw hyrwyddo cydweithrediad, brawdgarwch a chwaergarwch ymhlith aelodau o staff cwmnïau a sefydliadau cyhoeddus a grwpiau mwy anffurfiol fel clybiau golff a rygbi.

Diben cwbl groes oedd i'r achlysur hwn. Gorchmynnwyd Elwyn a'r lleill i arddel y rôliau a'r daliadau roeddynt wedi eu mabwysiadu er mwyn ymdreiddio i fudiadau a dargedwyd gan NPOIU. Anogwyd hwy i ddadlau a thaeru ymhlith ei gilydd hyd at daro, ond heb achosi niwed difrifol na marwolaeth os yn bosib.

Pwrpas yr ymarferiad oedd serio ffug bersonoliaeth a ffug

ddaliadau'r cuddwas yn undod emosiynol a seicolegol, abl i wrthsefyll ymosodiadau ideolegol a chorfforol eithafol.

Ochrai Alun Griffiths gyda chwyldroadwyr y Chwith yn y bar fin nos pan geid gwrthdaro rhyngddynt hwy a'r sectau ffasgaidd, ond ni rwystrodd hynny Dave o'r BNP/EDL rhag datgan hawl Cymru i hunanlywodraeth ac annibyniaeth pan glywodd Graham o'r SWP yn dilorni cenedlaetholwyr Cymru a'r Alban am hyrwyddo 'a bourgeois ideology aimed at keeping state power in the hands of the ruling class and undermining working-class solidarity and internationalism'.

Mynnai Graham fod cefnogaeth Dave i genedlaetholwyr Cymru a'r Alban yn profi ei bwynt, ond haerai Alun fod cenedlaetholdeb fodern Cymru a'r Alban yn 'social democratic' ac yn dra gwahanol i hiliaeth a siofinistiaeth ffasgwyr Lloegr.

'No it isn't,' atebodd Dave yn dalog. 'It's just been diluted by nonconformists, socialists and communists. All the Welsh nationalists I've met confess to hating the English and agree they'd be fascists – that is, real nationalists – if they had more guts and backbone.'

Seiniodd ffôn symudol Alun ac roedd yn falch o'r esgus i adael y bwrdd, ei beint a'r bytheirio.

E-bost gan Annes.

Annwyl, annwyl Al. Mae gen i hiraeth ofnadwy amdanat ti. Lle'r wyt ti? Fyddi di'n meddwl amdana i weithia? Fyddi di'n meddwl amdana i o gwbwl? Sgersli bilîf! Beryg bo chdi mewn tîpî hefo rhyw hipi bach handi. Neu un fawr, handïach! Dwi'n dechra meddwl petha drwg iawn rŵan felly mi dewa i!

Cariad aruthrol,

Brysia nôl ata i!

Annes xx

'Lle ydw i?' meddyliodd Alun/Elwyn. 'Mewn seilam! A fi

ydi'r unig ddyn call yma! Pharith hynny ddim yn hir os na lwydda i i ddengid. Ond i le? Ma'r byd tu allan i'r seilam yn wallgo hefyd.'

Modurodd o dde-orllewin Lloegr i ogledd-ddwyrain y wlad a threulio tridiau yn Swydd Efrog mewn plasty neo-Gothig anferth yng nghanol coedwig a amgylchynid gan furiau uchel. Yn yr anferthedd Fictoraidd hwnnw darparwyd lletyaeth fwy moethus nag yn Plymouth a chwmnïaeth fwy dethol. Ymhlith ei gyd-gynadleddwyr roedd rhai o brif swyddogion heddluoedd y Deyrnas Gyfunol, gwleidyddion enwog, barnwyr, gweision sifil aruchel a phwysigion eraill.

Clywsant siaradwyr ar ran y Banc Canolog Ewropeaidd, Banc Lloegr, NATO, yr IMF, y Comisiwn Ewropeaidd a'r European Round Table of Industrialists (ERT) yn traddodi darlithoedd ac yn arwain trafodaethau ar y thema 'Economeg Cyfraith aThrefn'.

Wrth wrando ar banel o wleidyddion o Iwerddon, Gwlad Groeg, Portiwgal a Sbaen a Thori o Sais a fu'n aelod o Gabinet Margaret Thatcher yn trafod 'Dofi'r "Gelyn Mewnol"', newidiodd y Ditectif Arolygydd Elwyn Lloyd-Williams yn Alun Griffiths ac yn ysbïwr ar ran y Crwydriaid Coch a Gwyrdd yng ngwersyll y gelyn.

Ysai am ddychwelyd i Gymru a gweiddi wrth Cemlyn a'r cymrodyr eraill: 'Ry'ch chi'n iawn, bois! Ry'ch chi'n iawn! Bastards drwg y'n nhw i gyd! Diawled sinicaidd, dideimlad, celwyddog, rhagrithiol sy ddim yn becso dam beth ddaw o 99% o'r boblogeth! A gwaeth – sy'n rhyfela yn eu herbyn nhw! A diawled dwl fel fi'n gneud y gwaith brwnt drostyn nhw!'

Ni chyfrannodd nemor ddim at y trafodaethau ac ymwrthododd bron yn llwyr ag alcohol rhag bradychu ei gyfrinach a'i wir ddaliadau.

Megis dyn yn cael ei ryddhau o garchar y gyrrodd ei gar drwy borth mawreddog, cadarn parc y plasty.

Roedd wedi bod o Wynedd am bron i bythefnos pan gyrhaeddodd 24, Lôn Wen un min nos. Buasai'n awchu bob cam o'r ffordd am y cofleidio, y cusanu a'r wledd arferol, ond oer fu'r croeso: 'Paid â setlo dy hun. Awn ni allan am swpar.'

'I le?'

'Dydi'r ots. Rhyw byb.'

'Sori bo fi wedi bod bant gyhyd, cariad,' ymddiheurodd yn llywaeth. 'Allen i ddim fforddo gwrthod y jobs hyn lan yn Sgotland…'

'Dallt yn iawn, Alun. Diwadd y gân ydi'r geiniog. Beryg na dyna fydd diwadd 'yn perthynas ni!'

'Fi'n gorffod gwitho, cariad.'

'Ella na fydda i ddim cyn bo hir.'

'Beth ti'n feddwl?'

'Rydan ni newydd glwad eu bod nhw am "ailstrwythuro" yr Adran.'

'Beth ma 'ny'n 'i olygu?'

'Llai o bobol yn gneud mwy o waith am lai o gyflog, fel arfar. Neu ridyndansi. Ella cymra i o os cynigian nhw delera go lew. A dŵad i galifantio hyd y wlad hefo chdi. Fasat ti'n lecio hynny? Sbia arna i, Alun. Sbia arna i! Na fasat! Fedra i weld o'r olwg ar dy wynab di, 'ngwas i!' meddai Annes a mynd i nôl ei chôt a'i sgarff.

Roedd hi wedi nosi pan adawsant y bynglo, ac wyneb Annes yn welw dan lampau'r stryd. Anwybyddodd ymdrechion Alun i dynnu sgwrs. Ni ddaeth gair o'i phen nes eu bod yn sefyll ger croesfan yn disgwyl i lif y traffig dreio.

'Fuo Dad a Mam yn aros hefo fi wsnos dwytha,' meddai a'i llygaid ar y ceir.

'Wedes ti pan ffones i.'

'Y ddau'n holi amdanat ti. Gofyn lle'r oeddat ti a be oeddat ti'n neud. Finna, fel ffŵl, yn gorfod dangos nad oedd gin i fawr o glem. "Hwn ydi'r un?" medda Mam. "Ia, Mam," medda fi. "Dwi'n meddwl." "Dwyt ti ddim yn siŵr?" "Dwi yn siŵr, Mam," medda fi, "ond dydi o ddim." "Gynnon ni'n dau feddwl mawr o Alun," medda Dad. "Hogyn ffeind ofnadwy." "Ma'n debyg ei bod hi'n ormod disgwl ichi briodi," medda Mam. "Ond fasan ni wrth 'yn bodda ca'l bod yn daid a nain…" Meddylia! Mam! Mrs Ifas, gwraig y Gweinidog! Yn deud ffasiwn beth! Ddechreuis i feichio crio. Fel rydw i rŵan…'

'Rwy am inni briodi a dechre teulu,' meddai Alun. 'Ond lecen i drafaelu'r byd 'da ti gynta, fel ni wedi cytuno…'

Ffromodd Annes drwy ei dagrau: 'Paid â phalu celwydd.'

'Ma'n wir. Ond ma cwpwl o bethach 'da fi i setlo gynta…'

Caniataodd pall ar y drafnidiaeth iddynt groesi'r ffordd.

'Be sy gin ti i'w setlo?' meddai Annes wedi iddynt gyrraedd y palmant yr ochr draw. 'Mi wyt ti'n ddyn sengl, dibriod – medda chdi! Yn fòs arna chdi dy hun ac yn mynd a dŵad fel mynni di. A galw heibio 24, Lôn Wen bob hyn a hyn am dy damad. Ma hynny'n dy siwtio di, tydi? Ond dwi wedi ca'l llond bol! Twyt ti byth yma pan fydda i d'angan di. Ac mi oedd arna i d'angan di wsnos dwytha pan glywon ni am yr "ailstrwythuro". Roeddwn i isio'i drafod o hefo chdi. Isio dy gyngor di. Ond lle'r oeddat ti? Duw a ŵyr!'

Cyflymodd Annes ei chamre, fel petai'n well ganddi fod ar ei phen ei hun, ac ni fu gair rhyngddynt nes iddynt gyrraedd y dafarn.

Roedd Alun wedi dyheu ers dyddiau am noswylio yn y Lôn Wen ond ar derfyn pryd di-sgwrs dywedodd ei fod am fynd adref i Dyddyn Adda i weld 'pa filie sy'n aros amdana i a dodi tomen o ddillad brwnt yn y peiriant'.

Cydsyniodd Annes yn swta.

Amharwyd ar ei gwsg gan hen hunllefau ac un newydd sbon.

Gwelai ei hun yn y seminar yn Swydd Efrog a'r Crwydriaid Coch a Gwyrdd o boptu iddo yng nghanol rhengoedd dirifedi o blismyn a barnwyr.

'Pwy wyt ti?' holodd Annes, a'i hwyneb dig yn dlysach nag erioed.

'Slob ydi o!' rhuodd Emyr yn ei hyll. 'Wyddwn i o'r dechra cynta ei fod o'n slob!'

'Y mae bradwr yn y tŷ hwn!' cyhoeddodd Huw P.

'Ma tad 'y mabi i'n fradwr!' llefodd Annes drwy ei dagrau.

Deffrodd sawl gwaith yn ystod y nos a chododd gyda'r wawr i loncian yn ffyrnig o amgylch y llyn. Cymerodd gawod, brecwestodd a dechreuodd ddrafftio llythyr ymddiswyddo at gyfarwyddwr NPOIU.

Hysbysodd y cyfarwyddwr ei fod, ar ôl llawer o bendroni, wedi derbyn cynnig o swydd gyda chwmni yswiriant teuluol yng Nghaerdydd a'i fod yn dymuno terfynu ei *deployment* presennol a gadael y Gwasanaeth gynted ag y gallai wneud hynny heb achosi trafferth ac anhwylustod i'w gyd-swyddogion. Canlyniad oedd hyn – anorfod efallai – i'r ddwy flynedd 'therapeutic' roedd wedi eu treulio yng ngogledd Cymru, a diolchai yn ddiffuant am yr hoe gyflogedig. Roedd y profiad wedi adfer ei gyflwr meddyliol ac emosiynol i'r hyn ydoedd cyn ei 'anturiaethau Sbaenaidd' ac wedi bod yn fodd i wella ei berthynas ag aelodau o'i deulu yng Nghymru a'r Alban. I barhau â'r broses iachusol hon roedd arno angen y sefydlogrwydd a'r 'normalrwydd' roedd wedi cefnu arnynt o'i wirfodd pan ymunodd â'r Gwasanaeth.

Diolchodd i'w gyflogwyr am eu caredigrwydd, am roi cyfle iddo wasanaethu ei wlad a diogelu ei dinasyddion ac am gael cydweithio cyhyd â dynion a merched dewr a delfrydgar.

Yours most sincerely…

Gerbron y Sanhedrin

GWAHODDWYD ELWYN i Lundain gyda'r troad, i drafod ei ymddiswyddiad arfaethedig gyda Chyfarwyddwr NPOIU a thri o'i ddirprwyon. Roedd dau aelod o'r panel yn Saeson, sef y cyfarwyddwr, a gadeiriai'r cyfarfod, ac un o uchel swyddogion Heddlu Gorllewin Swydd Efrog, un yn Albanwr a'r pedwerydd yn Gymro Cymraeg o Sir Gâr ac yn aelod o Gyngor y WRU. Cynhaliwyd y cyfweliad yn un o stafelloedd pwyllgora gwesty syber, hen ffasiwn ger yr Amgueddfa Brydeinig.

Gwrandawsant yn glên ar Elwyn wrth iddo egluro'r rhesymau dros ei benderfyniad, ac wedi iddo ateb ychydig o gwestiynau ynglŷn â'i gynlluniau at y dyfodol gofynnwyd iddo adael y stafell am ychydig funudau.

Pan ddychwelodd clywodd fod ei gais wedi ei ganiatáu ac y câi ymddeol gyda thalpswm a phensiwn anrhydeddus – arwydd o werthfawrogiad y Gwasanaeth, ei gyd-swyddogion 'a'n meistri gwleidyddol' o'i ymroddiad, ei broffesiynoldeb a rhinweddau niferus eraill nad oedd y cadeirydd am achosi embaras iddo wrth eu rhestru.

Wedi i Elwyn ddiolch i'r panel ac i'r Gwasanaeth am eu haelioni, gofynnodd y cadeirydd iddo: 'A fyddech chi, Elwyn, mor garedig â gohirio eich ymddeoliad am ychydig fisoedd er mwyn ymgymryd â phrosiect na ellir ei ymddiried i neb ond chi?'

Tra cuddiai Elwyn ei siom, trodd y cadeirydd at y gŵr ar ei ddeheulaw a holi:

'Euan… Wnei di egluro'r sefyllfa a natur ein cais i Elwyn?'

'Mae arweinwyr y prif bleidiau gwleidyddol a'r Sefydliad

yn gyffredinol yn dechrau pryderu ynglŷn â'r refferendwm a gynhelir ymhen blwyddyn yn fy ngwlad enedigol i,' meddai'r Albanwr, gŵr roedd ei wallt ariannaidd a'i Saesneg Caeredin coeth yn peri iddo ymddangos a swnio'n debycach i farnwr Uchel Lys nag i blismon.

'Ar hyn o bryd, mae'r polau piniwn yn dangos fod y rhan fwyaf o 'nghyd-wladwyr o blaid y status quo, ond tybia llawer sydd â'u clustiau'n agos at y ddaear y bydd hynny'n newid. Mae sawl sylwedydd craff yn darogan y bydd y canlyniad yn un clòs iawn ac mai dyrnaid o bleidleisiau fydd ynddi, y naill ochr neu'r llall. Os enilla'r ymgyrch unoliaethol o fwyafrif bychan, bydd hynny'n ddigon i achosi problemau dirfawr. Trychineb fyddai buddugoliaeth y cenedlaetholwyr. Canlyniad a andwyai sefydlogrwydd gwleidyddol, economaidd a chymdeithasol Prydain Fawr, Ewrop a'r Gorllewin yn gyffredinol. Beth bynnag ddigwydd, mae'n amlwg fod "amseroedd diddorol", chwedl y Tsieineaid, o'n blaenau.

'Bydd holl asiantaethau'r wladwriaeth a'r cyrff, y sefydliadau a'r cwmnïau preifat sy'n bleidiol i barhad y Deyrnas Gyfunol wrthi â deng ewin yn ystod y misoedd nesaf yn gwneud popeth o fewn eu gallu i sicrhau y bydd teyrngarwch i Brydain Fawr a synnwyr cyffredin yn ennill y dydd. Pawb, o wasg y gwter a'r papurau parchus, y cyfryngau torfol, y prif bleidiau gwleidyddol, y CBI a'r Institute of Directors i'r Teulu Brenhinol. A phobol fel ni.

'Ein cyfraniad pennaf ni fydd ymdreiddio i wahanol adrannau a charfanau'r ymgyrch Ie a rhoi gwybod i'r ymgyrch unoliaethol a'r cyhoedd yn gyffredinol am raniadau, croestyniadau a chwerylon ymhlith y cenedlaetholwyr a datgelu ffaeleddau personol eu harweinwyr, godinebau a gwyrdroadau rhywiol, datganiadau y gellir eu galw'n hiliol, yn eithafol neu'n enllibus, ac yn y blaen. Ond mae'n meistri gwleidyddol wedi gofyn inni fod yn weithredol yn ogystal.'

'Yn weithredol? Sut?' holodd Elwyn.

'Trwy drefnu digwyddiadau fydd yn niweidiol i ymgyrch y cenedlaetholwyr,' atebodd yr Albanwr.

'Rydw i'n lled gyfarwydd â rhai o fynyddoedd a llynnoedd yr Alban,' meddai Elwyn, 'ond wn i fawr ddim, mwya 'nghwilydd i, am wleidyddiaeth y wlad.'

'Peidiwch â phoeni! Mae degau o Albanwyr unoliaethol pybyr wrth y gwaith eisoes,' meddai 'Euan' gyda gwên.

'Mi gewch aros yn eich annwyl wlad eich hun,' ategodd y cadeirydd yr un mor siriol. 'Fel mae'n digwydd, fe luniodd eich rhagflaenydd yng ngogledd Cymru ddrafft o brosiect y gellir, yn ein tyb ni, ei addasu ar gyfer y cyfwng presennol. Ar y pryd, ni welid cenedlaetholdeb Celtaidd fel bygythiad i'r status quo a mater a gyfiawnhâi draul sylweddol ar gyllideb ac adnoddau dynol y Gwasanaeth yn yr oes ddarbodus sydd ohoni.'

'Ond erbyn heddiw,' meddai'r Albanwr, 'daeth cenedlaetholdeb Celtaidd dan arweiniad yr Alban yn sialens i barhad Prydain Fawr fel gwladwriaeth. Byddai Alban annibynnol yn ergyd andwyol ac mae'r Cymry, yn hanesyddol, wedi dilyn yr arweiniad hwnnw. Rwy'n siŵr y cytunwch chi, Elwyn, na fyddai mudiad cenedlaethol o bwys yng Nghymru oni bai am lwyddiant yr SNP?'

Amneidiodd y Cymro yn gadarnhaol ac aeth y Sgotyn yn ei flaen:

'All dyrnaid o ffwndamentalwyr gorffwyll, waeth pa mor ffanaticaidd, fyth danseilio a darnio'r hen deyrnas hon – ond dyna fydd yn digwydd os bydd mwyafrif o 'nghyd-wladwyr i'n ddigon ynfyd i bleidleisio o blaid y dinistr hwnnw.'

'Yn ein barn ni,' meddai'r cadeirydd, 'mae drafft-brosiect Ms Stanley yn ateb gofynion presennol y gwleidyddion. Byddai'n cysylltu cenedlaetholdeb Celtaidd â thrais, tor cyfraith, teyrnfradwriaeth a'r IRA ac yn rhannu'r cenedlaetholwyr Cymreig yn ddwy garfan – y criw bychan, penboeth fydd yn gefnogol i'r gwrthdystiad ac i amcanion yr eithafwyr, a'r mwyafrif call fydd yn eu ffieiddio.

'Nid yw cenedlaetholwyr Cymru yn bygwth neb na dim ar hyn o bryd, wrth gwrs, ond gallai hynny newid petai eu cefndryd Albanaidd yn llwyddiannus, neu'n dod yn agos iawn at lwyddo.

'Beth bynnag ddigwydd ar y deunawfed o Fedi, 2014, gallwn ddisgwyl newidiadau mawr yn y modd y llywodraethir ac y gweinyddir y gwledydd hyn. Ein dyletswydd ni fel Gwasanaeth yw chwarae rhan gadarnhaol ac effeithiol yn y frwydr i sicrhau bod y gwerthoedd a wnaeth Brydain yn fawr ac yn rym er daioni a democratiaeth yn parhau.'

'"Fel y cadwer i'r oesoedd a ddêl y glendid a fu!"' meddai'r uwch-swyddog o Gymro yn Gymraeg. 'Y'ch chi'n gyfarw'dd â'r geirie 'na, Elwyn?'

'Ydw, syr.'

'Ac yn awr, gyfeillion,' meddai'r cadeirydd, gan droi at ei gyd-banelwyr, 'gawn ni ddeffro ein gliniaduron a thrafod y drafft-brosiect a'i bosibiliadau?'

Operation Fly-by-night

Y nod

Cymell aelodau o gymdeithas o genedlaetholwyr Cymreig, asgell chwith – Y Crwydriaid Coch a Gwyrdd (CCG) – i wrthdystio mewn modd a alluoga'r awdurdodau i'w dwyn hwy, eu cyd-aelodau a'u cyfeillion gerbron llysoedd barn i wynebu cyhuddiadau o derfysgaeth, cynllwynio i ddifrodi eiddo'r Goron, arson a hyd yn oed teyrnfradwriaeth.

Amcanion gwleidyddol y cyrch

Cysylltu cenedlaetholdeb Cymreig a chenedlaetholdeb Celtaidd yn gyffredinol ag eithafiaeth a therfysgaeth.

Creu rhaniadau ymhlith cenedlaetholwyr a'r gymuned Gymraeg ehangach o blaid ac yn erbyn yr eithafwyr.

Gweithredu'r dacteg draddodiadol o beri i'n gwrthwynebwyr weithredu'n gyn-amserol. Peri iddynt wrthdystio neu wrthryfela cyn eu bod nhw eu hunain yn deall yn iawn pam nac i ba berwyl.

Modus operandi

Porthi'r chwerwedd a'r anobaith a achosa ffactorau cymdeithasol fel erydiad daearyddol y Gymraeg, y gostyngiad yn nifer y siaradwyr Cymraeg, y mewnlifiad Seisnig i ardaloedd a fu'n gadarnleoedd i'r iaith ayyb ymhlith aelodau CCG a chymell yr arweinwyr i wrthdystio mewn modd a fydd 'yn deffro'r genedl'.

Argymell gweithredu yn erbyn dau darged: Atomfa'r Wylfa a Maes Awyr RAF Valley. Y cyntaf oherwydd y bygythiad i'r Gymraeg a pheryglon y diwydiant niwclear a'r ail oherwydd ei gysylltiadau militaraidd a brenhinol ac am y bydd cenedlaetholwyr a gwrth-genedlaetholwyr yn cysylltu'r ymosodiad â chyrch gan arweinwyr Plaid Cymru yn erbyn maes awyr yr RAF ger Pwllheli yn 1936.

Rhannu'r gweithredwyr yn ddau dîm. Tîm A, dan arweiniad Maggie Alexander, i achosi difrod i fynedfa'r cyhoedd i'r atomfa; torri i mewn i'r Swyddfa Groeso, peintio ag *aerosols* ayyb. Tîm B, dan arweiniad Cemlyn Evans neu Emyr Jones, i ddifrodi'r hen awyren Hunter symbolaidd ger mynedfa'r maes awyr. Bydd yr ymgyrchwyr yn difrodi'r awyren â morthwylion ac yn cynnau tân ynddi. Gweithred bitw ond mae arson a chynllwynio i gyflawni arson yn droseddau difrifol iawn a fydd yn galluogi'r awdurdodau priodol i fwrw eu rhwyd yn eang ac i erlyn nifer dda o genedlaetholwyr.

Bydd cerbyd Tîm A yn cael ei stopio rhyw filltir o'r atomfa gan swyddogion diogelwch yr atomfa yn eu cerbydau 4x4 duon di-rif-cofrestru. Holant yr ymgyrchwyr yn ymosodol a chymryd eu manylion personol. Gwrthoda MA ateb eu cwestiynau ac fe'i llusgir o'r neilltu, tu ôl i wrych neu lwyn. Clyw ei ffrindiau hi'n gweiddi ei bod yn cael ei threisio. Dychwel atynt a golwg arni fel petai hynny wedi digwydd. (Bydd 'cyflwr bregus' MA yn sgil yr ymosodiad yn darparu *exit* hwylus a chredadwy iddi.) Gorchmynnir y protestwyr i fynd adref ar unwaith dan fygythiad o achos llys a charchar os meiddiant roi cyhoeddusrwydd i'r driniaeth a gawsant.

Ymhen ychydig ddyddiau caiff MA *nervous breakdown*. Dychwel i Loegr heb roi cyfeiriad i'w chyfeillion yng ngogledd Cymru.

Gweithreda Tîm B yn unol â'r cynllwyn. Gorchmynnir swyddogion diogelwch y Llu Awyr i beidio ag ymyrryd nes gwelant y fflamau. Caiff yr ymgyrchwyr eu harestio a'u trosglwyddo i ofal Heddlu Gogledd Cymru, fydd yn eu hanfon i sefyll eu prawf i ateb nifer o gyhuddiadau difrifol. Cynhwysir aelodau eraill o CCG a llawer o'u cyfeillion a'u cydnabod yn y cyhuddiad o gynllwynio i achosi difrod troseddol i eiddo'r Goron, arson ac ati.

'Wel?' holodd y cadeirydd wedi iddynt oll astudio'r ddogfen.

'Diddorol,' atebodd Elwyn. 'Ond rhaid imi gyfaddef nad ydw i'n edrych ymlaen at gael fy nhreisio gan swyddogion diogelwch yr Wylfa!'

'Mae'n bosib fod Ms Stanley yn deisyfu'r profiad,' chwarddodd yr uwch-swyddog o Gymro, 'ond yn eich achos chi, fydd effeithiau'r sgarmes fawr gwaeth na phetaech chi wedi sgrymio yn erbyn y Pontypool front row! A bydd hawl 'da chi i glatshio'n ôl!'

'Pa mor ymarferol, yn eich barn chi, ydi prosiect Ms Stanley?' holodd y Sais o Swydd Efrog.

Petrusodd Elwyn fel petai'n rhoi ystyriaeth ddwys i'r cwestiwn cyn ateb: 'Y Crwydriaid Coch a Gwyrdd ydi'r unig fudiad "gwrth-imperialaidd" yng ngogledd Cymru y gellid meddwl amdanyn nhw'n torri'r gyfraith yn y modd mae Jo Stanley yn ei argymell. Ond criw diniwed dros ben ydyn nhw. Mi wnaf i 'ngorau i gyffroi gwlatgarwch a sosialaeth y cymrodyr ond alla i ddim gwarantu llwyddiant.'

'Mae trawsgrifiadau eich rhagflaenydd o sgyrsiau rhyngddi hi ac aelodau'r grŵp, a'ch rhai chithau, yn dadlennu daliadau pur eithafol,' awgrymodd y Sais o Swydd Efrog, gŵr talgryf â gwyneb fel talp o ithfaen ei sir. 'Cefnogaeth i ETA a'r IRA, heddychiaeth a gwrth-filitariaeth ronc.'

'Gall fod gagendor sylweddol rhwng rhethreg tŷ tafarn a gweithredu,' meddai Elwyn. 'Gaf i roi gwybod ichi ymhen rhyw fis sut, yn fy marn i, bydd y gwaed gwlatgarol yn llifo? Yn dew neu'n denau? Yn boeth neu'n oer? Yn y cyfamser, fe yrraf drawsgrifiadau at fy rheolwr, yn ôl fy arfer.'

Cytunwyd ar hynny, ond cyn iddynt ymwahanu addawodd y cadeirydd y derbyniai Elwyn fonws sylweddol ar ben ei becyn ymddeol pe llwyddai i weithredu'r prosiect.

Unwaith Eto
'Nghymru Annwyl

ERBYN IDDO GYRRAEDD adref i Dyddyn Adda y noswaith honno, gwelai Elwyn ei ffordd ymlaen yn glir:

1. Argyhoeddi ei gyflogwyr o amhosibilrwydd troi criw o ramantwyr diwylliedig, dosbarth canol Cymraeg yn chwyldroadwyr, na hyd yn oed yn brotestwyr tor cyfraith di-drais penderfynol a digyfaddawd.

2. Mynnu ymddiswyddo a gwrthod ildio i flacmêl ynglŷn â'i bensiwn.

3. Perswadio Annes i ddod gydag ef am bythefnos o wyliau yn UDA, e.e. moduro ar draws y wlad o Efrog Newydd i San Francisco gan ymweld â dinasoedd enwog a mannau o ddiddordeb hanesyddol a daearyddol ar y ffordd. Dewis y man a'r lle a'r achlysur mwyaf ffafriol posib i ddatgelu i'w gariad ei gyn-aelodaeth o'r heddlu cudd.

4. Egluro wrth Annes mai oherwydd ei gariad ati hi a dylanwad ei hargyhoeddiadau hi a'i chyfeillion y bu iddo ymddiswyddo. Beth bynnag fyddai ei hymateb, byddai'n fythol ddiolchgar iddi hi a'r Crwydriaid Coch a Gwyrdd am ei dröedigaeth wleidyddol ac ysbrydol. Am ddangos iddo pwy ydoedd, mewn gwirionedd. Am ei achub o grafangau'r wladwriaeth Brydeinig a'i aileni'n Gymro ac yn sosialydd.

5. Argyhoeddi Annes o'i ddiffuantrwydd ac o ddilysrwydd

ei dröedigaeth a'i chyflwyno i'w rieni ac i aelodau eraill ei deulu.

6. Perswadio Annes i adael ei swydd gyda'r Cyngor Sir fel y gallent deithio'r byd am flwyddyn; ymweld â'r Dwyrain Pell, Awstralia, De America, a Phatagonia, wrth gwrs.

7. Dychwelyd i Gymru a sefydlu gwesty safonol yn Eryri yn cynnig llety ac arlwyaeth o'r safon uchaf ynghyd â gwasanaeth tywysydd a hyfforddwr dringo, hwylio, caiacio ac ati trwyddedig, proffesiynol a phrofiadol.

8. Dechrau teulu.

Beth petai'n pechu Annes yn anfaddeuol a hithau'n dod â'u perthynas i ben? Ymlidiodd y posibilrwydd hwnnw o'i feddwl. Byddai diffuantrwydd ei gyffes a'i edifeirwch, addfwynder ei natur hi a thanbeidrwydd eu cariad at ei gilydd yn ennyn ei maddeuant.

Ffugiodd ddeialogau – wedi eu seilio ar sgyrsiau dilys – rhwng Alun Griffiths a rhai o'r Crwydriaid a'u hanfon at ei reolwr ac uwch-swyddogion NPOIU i brofi anymarferoldeb y prosiect a ddyfeisiwyd gan y Saesnes Jo Stanley:

ALUN GRIFFITHS, CEMLYN EVANS, EIRLYS EVANS

AG: Chi'ch dou wedi torri'r gyfreth fel aelode o Gymdeithas yr Iaith?

EE: Nath o ddim. Cyboli hefo'r International Socialists a'r Communist Party of Great Britain fuo Cem pan oedd yn ddigon heini i brotestio, a'n galw ni'n 'petty-bourgeois nationalists'...

CE: Dyna be oeddach chi!

EE: ... yn protestio er mwyn creu jobsys yn y cyfrynga i ni'n hunain.

CE: Sy'n wir.

EE: I'r Gymdeithas ma'r diolch y cest ti job yn darlithio

drw'r Gymraeg! Ma 'nyddia protestio i ar ben, Alun. Tydi rhei Cemlyn rioed wedi dechra a 'nân nhw byth!

CE: Faint elwach ydi Cymru a'r Gymraeg ar ôl yr holl brotestio? Ma nhw mewn cyflwr mwy bregus heddiw nag oeddan nhw hannar canrif yn ôl!

AG: Fyddet ti'n fo'lon ailddechre protesto, Eirlys?

EE: Ma'n ddrwg gin i orfod cydnabod bod Cemlyn yn iawn, ond cwestiwn gwleidyddol ydi achub yr iaith Gymraeg. Mynegiant o rwystredigaeth bersonol fydda protestio tor cyfraith.

ALUN GRIFFITHS, EMYR JONES

EJ: A deud y gwir yn onast wrthach chdi, Alun, dydw i ddim yn credu yn y dull di-drais. Dydi o fyth yn setlo dim.

AG: Beth am Martin Luther King? A Ghandi?

EJ: Faint elwach ydi'r rhan fwya o bobol dduon America er bod gynnyn nhw Bresident du? A miliyna o Indians er bod gynnyn nhw wlad annibynnol?

AG: Fyddet ti o blaid trefnu protest fawr yn erbyn Fali neu'r Wylfa i ddangos nad yw pob Cymro a Chymraes o blaid yr hyn sy'n mynd ymlaen yno?

EJ: Fasa hynny'n newid dim. A fasa protest fach dila fel peintio slogana a rhoid dy hun i fyny i'r slobs yn newid dim chwaith. Dydw i ddim yn gweld llawar o obaith i Gymru syrfeifio fel cenedl heb bod 'na uffar o greisus mawr drw Ewrop ac ella'r byd.

ALUN GRIFFITHS, IEUAN AP GWILYM

AG: So ti'n meddwl bod beth sy'n digw'dd yn Fali a Wylfa yn warth arnon ni fel cenedl?

IapG: Wn i ddim faswn i'n disgrifio'n hun fel

'cenedlaetholwr' erbyn hyn, Alun. Parhad yr iaith Gymraeg ydi'r unig bwnc gwleidyddol sy'n agos at fy nghalon i ac mae modd dadla fod y Fali ac y bydd Wylfa B yn helpu'r iaith i ddal ei thir trwy roi swyddi i bobol leol.

Erthygl mewn papur newydd, yn hytrach na ffugiadau Elwyn Lloyd-Williams, a erthylodd y cyrchoedd yn erbyn yr atomfa a'r maes awyr ym Môn.

Dadrith

C EMLYN, YR UNIG un o'r Crwydriaid a ddarllenai'r *Morning Star* yn feunyddiol, a welodd yr erthygl gyntaf, ac yntau'n brecwesta'n hamddenol yn y gegin.

ALEXANDER THE NOT-SO-GREAT

Joanne Stanley began her undercover mission as 'Tammy Thomson, a part-time care-worker from Portsmouth' who volunteered to help the 'Save the Claymoor Woods' campaign in Poole, Dorset, in 2004. When the campaign achieved its aim of dissuading Poole Council from cutting down the historic woodland and selling the land to property developers, 'Tammy' moved on, joining the Swords into Ploughshares protests against the Aldermaston weapons facility in Berkshire. These protests were entirely non-violent, but the officer's 'success' in pretending to be a demonstrator and compiling a list of protesters' names were much appreciated by her superiors...

After an absence of several years from the Green scene, Stanley reappeared recently in Leeds under the *nom de guerre* 'Maggie Alexander', where she joined the anti-capitalist group Leeds Action for Radical Change. It was this which led to her cover being blown. Activists in Poole who saw photos of her on LARC's website were reminded of their former colleague Tammy Thomson. Examples of Maggie Alexander's handwriting were compared to Tammy Thomson's and found to be indistinguishable. Investigations by ActivistSecurity.org, a collective that monitors the activities of 'grasses, snitches, informers and agents provocateurs' who have or are trying to infiltrate radical protest movements, revealed the true identity of Maggie Alexander and Tammy Thomson as Detective Sergeant Joanne Stanley...

Tagodd Cemlyn ar ei goffi. Darllenodd y llith eto. Ac eto. Meddiannwyd ef gan gynddaredd, dicter a dirmyg ato ef ei hun a'i gyfeillion. Teimlodd gynnwys ei stumog yn codi a rhuthrodd am y lle chwech. Cyfog gwag, er ei waethaf. Dychwelodd i'r gegin a darllen yr erthygl y drydedd waith, fel petai'n gobeithio y buasai wedi newid yn y cyfamser.

Doedd hi ddim. Rhuodd, tyngodd a rhegodd. Cododd y ffôn i roi caniad i Eirlys, a oedd yn yr ysgol, cyn newid ei feddwl. Aeth at y cwpwrdd diodydd yn y stafell fyw gyda'r bwriad o arllwys joch hegar o Jameson iddo'i hun, ond ymataliodd.

Dychwelodd i'r gegin, cododd y papur oddi ar y teils du a gwyn ac aeth ag ef i'w ffau yn y groglofft fawr, heulog. Yno sganiodd yr erthygl a'i hanfon at aelodau Pwyllgor y Crwydriaid Coch a Gwyrdd gan eu galw i gyfarfod brys yn Silyn, sef ei gartref ef ac Eirlys, y noson honno 'yn brydlon am 19.00/7.00 p.m.'.

Fel y terfynai Cemlyn yr orchwyl, canodd ffôn y tŷ. Gohebydd un o bapurau Llundain yn holi beth a wyddai am Maggie Alexander. Gorfu i hwnnw fodloni ar ddatganiad yn cynnwys y geiriau 'surprise', 'shock', 'outrage' a 'police state where surveillance of law-abiding citizens is rampant...'

Wnaeth Alun Griffiths/Elwyn Lloyd-Williams ddim cynhyrfu na melltithio pan ddarllenodd yr erthygl. Deallodd ar unwaith y byddai'r datgeliadau am 'Maggie Alexander' yn rhoi'r farwol i'w 'phrosiect' ac yn cymell ei benaethiaid i orchymyn iddo adael Gwynedd rhag blaen. Byddai'n rhaid iddo chwarae ei gardiau'n ofalus iawn i beidio â thramgwyddo'i gyflogwyr, ei gariad na'i gymrodyr, ond roedd yn bencampwr ar y gêm astrus o dwyllo pob un o'r chwaraewyr eraill.

Gydol y siwrnai i Fryn-y-grug, parablai Annes Gwynn fel llif yr afon am frad 'Maggie Alexander' a'i dawn ddieflig. Pan dawai i gael ei gwynt ati gwnâi Alun sylwadau megis:

'Ti a phawb arall dwyllodd hi bownd o fod yn teimlo'n uffernol, Annes. Chwrddes i ariôd â'r fenyw ond ddalltes i ei bod hi wedi creu argraff fawr arnoch chi.'

'Ar y dynion yn enwedig,' meddai Annes, 'os ca i fod yn gathaidd. Mi oedd Cemlyn yn ei gweld hi'n arwres chwyldroadol ac Ems ac Ieuan yn ei haddoli hi fel tasa hi'n dduwias. Fel basa chdi.'

'Sa i'n meddwl 'ny, bach. So hi'n swno fel 'nheip i.'

'Be ydi dy deip di?'

'Rhywun fel ti. Nage – ti. Ti'n unigryw. Ffansïes i ti tro cynta gweles i ti. Yn Nhre'r Ceiri. Coup de foudre, fel bydd y Ffrancod yn gweud. Bwrodd cariad fi fel mellten.'

Cemlyn, Eirlys, Emyr, Ieuan, Huw P, Annes ac Alun oedd yn bresennol yn y cyfarfod yn Silyn, tŷ Edwardaidd cyfforddus ar gwr pentref Bryn-y-grug; bu gynt, dan yr enw 'Moorland View', yn gartref i reolwr chwarel leol a'i deulu.

Anfonodd Angharad a Sam ymddiheuriadau oherwydd eu bod mewn cyfarfod rhieni.

Ni chafwyd dim o'r cellwair na'r tynnu coes arferol.

'Ma hi fel angladd yma,' achwynodd Emyr.

'Angladd Maggie Alexander,' meddai Ieuan.

'Ia,' meddai Eirlys. 'Ac ma rwbath bach wedi marw yn bob un ohonan ni. Dyna pam na dim ond te neu goffi dwi'n gynnig ichi heno. Ma isio i'n meddylia ni fod yn glir.'

'Pawb i drio peidio cynhyrfu a gwylltio,' gorchmynnodd Cemlyn.

'Clywch, clywch!' ategodd Ieuan.

'Ffwcin gast!' sgyrnygodd Emyr.

'Araith, Ems!' ceryddodd Cemlyn.

'Ia!' ategodd Ieuan. 'A dim rhywiaeth chwaith. "Sexism" ydi hynny, Ems!'

'Wn i, crinci, a ddylwn i ddim bod wedi insyltio cŵn chwaith! Ydi hi'n iawn i ddeud bod hi'n Saesnas, Cem?'

'Os ydi hynny'n berthnasol.'

'Dwi'n meddwl ei fod o. Fasa Cymro neu Gymraes fyth wedi medru gneud be nath hi. Neu tasa fo, neu hi, wedi trio, fasa fo, neu hi, ddim wedi medru'n twyllo ni fel gnath y… gnawas.'

Wedi i bob un ddweud ei ddweud a thynnu sylw at gliwiau amlwg a anwybyddwyd tra bu'r blismones yn eu plith, meddai Cemlyn wrth Alun:

'Chest ti mo'r fraint na'r plesar amheus o gwarfod Ms Alexander, Alun, a fedri di ddim teimlo mor chwerw a siomedig â ni, ond oes gin ti brofiad o helynt tebyg yn un o'r mudiada rwyt ti wedi ymwneud â nhw?'

'Oes, gwaetha'r modd,' atebodd Alun, 'achos ma pethach fel hyn yn mynd mla'n drwy'r amser. Y peth sy'n bwysig i'w gofio yw bod y drwg ma pobol fel hon yn neud yn para 'rôl iddyn nhw ga'l eu ffindo mas. Ma nhw'n llwyddo i danseilio morâl y mudiade ma nhw wedi'u penetreto ac yn gneud i'r aelode ame'i gilydd a mynd yn paranoid. Ma'n bwysig bod hynny ddim yn digw'dd i'r Crwydriaid. Bod ni'n dal mla'n fel o'r bla'n. Gallwn ni ddechre wrth roi cefnogeth dda i Angharad a Sam 'rwthnos ar ôl nesa pan ewn nhw â ni i Lerpwl i glywed am "Wŷr Mawr Prifddinas Gogledd Cymru".'

Derbyniwyd cynnig Annes fod y cadeirydd i lunio datganiad ar ran y Crwydriaid fel y gallai'r aelodau eraill gyfeirio newyddiadurwyr at hwnnw pe caent eu blino gan y giwed.

Gyda hynny daeth y cyfarfod i ben.

'Diolch ichdi am be ddeudist ti,' meddai Annes wrth Alun wrth iddynt gerdded at y car.

'Dim ond "gair o brofiad", fel bydden nhw'n gweud yn y seiat slawer dydd – fi'n credu!'

'Rhaid inni beidio â gada'l i hon ddifetha'n hymddiriedaeth ni yn 'yn gilydd.'

''Na beth oe'n i'n drial weud.'

'Wyt ti am gysgu acw heno?'

'Os ti'n moyn.'

'Fi'n moyn,' meddai Annes dan wasgu ei law.

Cysgodd Annes bron ar unwaith, ym mreichiau ei chariad. Bu yntau ar ddihun am hydoedd yn drafftio'i ymddiswyddiad:

Golyga datgeliad anffodus "Ms Alexander" bod diddymu'r prosiect yn anorfod. Bydd yn rhaid i minnau adael yr ardal hon a gogledd Cymru cyn gynted ag y bo modd gan fod agwedd rhai o'r targedau ataf wedi newid eisoes. Synhwyraf mai fi, y newydd-ddyfodiad a'r dieithryn o'r Sowth, yw gwrthrych eu paranoia. Nid wyf wedi penderfynu ar *exit* eto. Efallai y ffugiaf ddamwain ddifrifol mewn rhan arall, anghysbell o'r wlad...

Er fy mod am ymddeol o'r Gwasanaeth, byddaf ar gael ar gyfer *debriefing*, trafod telerau fy ymddeoliad ac ati yn y dyfodol agos.

'Mi fydd yr helynt ar fy meddwl i drw'r dydd, ar ben y diflastod arferol,' meddai Annes fore trannoeth wedi iddynt wrando dros frecwast ar drafodaeth ar 'weithgareddau honedig y blismones Joanne Stanley yng Ngwynedd'.

'Gwylie fydde'r boi i godi dy galon di,' meddai Alun. 'Lecen inne ailtsiarjio'r batris a rhoi'r gore i ddreifo fel ffŵl o un pen i'r wlad i'r llall.'

'Sut fath o wylia? Yn lle?'

Gwefreiddiwyd Annes pan frasluniodd Alun y daith Americanaidd roedd wedi ei chynllunio. Cofleidiodd a chusanodd ef, a'i llygaid glas yn llenwi pan ddywedodd wrthi: 'Galle fod yn rhyw fath o fis mêl inni, os ti'n moyn. Ond weli di ddim lot ohona i yn ystod y cwpwl o wthnose nesa, ma'n ddrwg 'da fi weud, achos bydd rhaid ifi neud orie a dyddie lan miwn lot o lefydd am dorri cytundebe heb lawer o rybudd. Wedi 'ny bydd dim i'n dala ni'n ôl. Gallet ti roi'r gore i dy job, os ti'n moyn, fel bo ni'n gallu trafaelu am sbel hir. Paid becso am y gost! Ma tipyn o "ill-gotten capitalist gains" ar ôl 'da fi!'

Dychwelodd i Dyddyn Adda yn nes ymlaen y bore hwnnw ac anfon at benaethiaid NPOIU ei adroddiad ynglŷn â'r modd roedd datgeliad Maggie Alexander/Jo Stanley wedi andwyo Operation Fly-by-night cyn dechrau'r prosiect, a chanlyniadau negyddol y datgeliad ar ei weithgareddau yng ngogledd Cymru. Gwnaeth y Ditectif Arolygydd Elwyn Lloyd-Williams gais ffurfiol am ymddeoliad cynnar yn unol â'r addewid a roddwyd iddo pan ymgymerodd â'i *deployment* diweddaraf.

Derbyniodd ateb gyda'r troad yn gofyn iddo ddod i Lundain i gyfarfod panel o gyfarwyddwyr y Gwasanaeth. Siarsiwyd ef i ddod â'i drwydded blismona gydag ef ynghyd â'i arfau, ei offer electronig, ei basborts, ei gardiau credyd a gweddill ei gêr proffesiynol.

Radur a Sain Ffagan

YCHYDIG DDYDDIAU'N DDIWEDDARACH, ar ôl dweud wrth Annes mai yn Border Country yr Alban y byddai, dychwelodd Elwyn i'r Pinwydd, 33, Heol Sandringham ar gyfer parti ar lawntiau helaeth y cartref teuluol; achlysur a oedd yn gyfle i'w hanwyliaid ddathlu adferiad Heulwen Lloyd-Williams wedi anhwylder a achosodd y fath bryder iddynt, yn ogystal â'i phen-blwydd.

Daeth oddeutu cant a hanner, yn Fonwysion a Hwntws a pherthnasau a chyfeillion eraill o bedwar ban byd. Gresynai Elwyn nad oedd Annes gydag ef iddo allu ei chyflwyno i'r tylwyth ac i selio ei haelodaeth, ond cyn hynny byddai'n rhaid iddo negydu ei ymddeoliad gyda NPOIU a'i hunaniaeth ddeublyg gyda'i gariad.

Roedd Heulwen Lloyd-Williams wedi gwirioni pan ddangosodd Elwyn luniau o Annes iddi hi a'i dad. 'Hogan ddel iawn,' meddai. 'Pam na fasat ti wedi dŵad â hi hefo chdi inni i gyd ga'l ei chwarfod hi?'

''Nes i 'ngora i drio perswadio Annes,' meddai Elwyn, 'ond "dwrnod mawr dy fam ydi hwn," medda hi, "nid un i gyflwyno dy gariad newydd di i'r teulu." Ddo i ag Annes i'ch gweld chi gyntad ag y bydda i wedi datrys problema biwrocrataidd ymddeol o'r ffôrs.'

Trodd at ei dad a holi'n chwareus: 'Sgynnoch chi job imi, Dad?'

'Wyt ti o ddifri, Elwyn?' holodd y penteulu.

'Yn hollol o ddifri,' atebodd y mab afradlon, a'r gwamalrwydd wedi cilio oddi ar ei wyneb.

'Feddylia i,' meddai Ednyfed gyda'i bwyll arferol.

Daeth Kathryn, David ac Andrew i'r parti a manteisiodd Elwyn ar y cyfle i gymodi'n llwyr â'i gyn-wraig ac i roi gwybod iddi hi a'r bechgyn ei fod ar drothwy newid byd mewn modd a'i galluogai i'w gweld yn amlach ac i fod yn fwy o riant *hands-on* nag y bu.

Er mwyn iddynt allu trafod yn breifat ac wrth eu pwysau faterion fel gyrfaoedd academaidd y bechgyn – roedd David am astudio Meddygaeth ym Mhrifysgol Caeredin ac Andrew a'i fryd ar le yn Ysgol Gelf enwog Glasgow – aethant ill pedwar, fore Sadwrn y parti, am dro i Sain Ffagan, tra bod y teulu lleol wrthi'n brysur, dan gyfarwyddyd Ednyfed a Heulwen, yn addurno'r tŷ a'r marcî ac yn arolygu arlwywyr y wledd a disteiniaid y diodydd.

Roedd yn fore hyfryd o Fedi a diwyg hydrefol coed tal ac urddasol y parc yn gefnlen berffaith i'w hymgom. Golygai'r heulwen fod yr ymwelwyr o bob oedran a grwydrai'r rhodfeydd oll mewn hwyliau rhagorol.

Tra yr ymlwybrai'r pedwar yn hamddenol o'r naill adeilad hynafol i'r llall, soniai David ac Andrew am eu gobeithion a'u huchelgeisiau a datgelodd eu tad ei fod wedi cwrdd â dynes a oedd yn annwyl iawn iddo. Buasai wedi hoffi dod â hi i'r parti ond diwrnod mawr Nain oedd hwn a hi ddylai fod yn ganolbwynt y dathlu. Addawodd gyflwyno Annes iddynt 'cyn bo hir iawn'.

Oedai rhai ymwelwyr yng nghyffiniau Siop Gwalia i lyfu hufen iâ a phiciodd Kathryn i mewn i nôl un bob un iddynt. Tra bu hi yno, holodd Elwyn yr hogiau ynglŷn â'r refferendwm arfaethedig.

Roedd David, y darpar feddyg, o blaid yr Undeb a'r arlunydd, Andrew, yn genedlaetholwr brwd. Plediodd y ddau eu safbwyntiau yn wybodus ac yn ddeallus a holi barn eu tad ar y pwnc. Addefodd Elwyn iddo fod yn unoliaethwr rhonc tan iddo ddychwelyd i Gymru a chael ei argyhoeddi bod angen aildrefnu'r berthynas gyfansoddiadol rhwng gwledydd y Deyrnas Gyfunol. Tybiai y byddai pleidlais 'Ie' yn yr Alban yn fodd i hyrwyddo'r broses honno heb ddifetha elfennau cadarnhaol yr Undeb gan fod annibyniaeth lwyr yn amhosib, yn yr unfed ganrif ar hugain, i unrhyw wlad ac eithrio Tsieina ac UDA.

Mwynhaodd Elwyn y drafodaeth aeddfed gyda'i feibion. Dyfalodd, nid am y tro cyntaf, sut y buasai eu bywydau hwy a'i fywyd ei hun petai eu mam ac yntau heb wahanu. Bu hynny'n loes iddynt hwy ac iddo ef, heb sôn am Kathryn, ond petai heb wneud llanast o'i briodas ni fyddai wedi cyfarfod Annes ac ni fyddai'n gallu edrych ymlaen at ei phriodi hi a dechrau ail deulu, un Cymraeg, a hynny heb dramgwyddo aelodau ei deulu cyntaf.

'Elwyn! Elwyn Lloyd-Williams! Shwt y'ch chi ers ache?'

Mrs Muriel Davies, aelod o Gapel y Crwys, a gerddai fraich ym mraich â'i merch, Aerona Newman, a'i cyfarchai. Roedd y fam yn ei saithdegau cynnar a'i merch, a fu'n ddisgybl yn Rhydfelen yr un pryd ag Elwyn, ddwy flynedd yn hŷn nag ef. Gwisgai'r ddwy yn chwaethus, mewn modd a weddai i'w hoedrannau.

Trodd y sgwrs i'r Saesneg pan gyflwynodd Elwyn ei feibion i'r ddwy wraig ac yna yn ôl i'r Gymraeg wrth iddo esbonio mai ei gyn-wraig a gerddai tuag atynt â dau gornet ym mhob llaw.

Ymhlith y dorf fechan o amgylch y goeden ddeiliog o flaen Siop Gwalia roedd haid o blant ysgol yn eu harddegau cynnar yn paldaruo mewn Cymraeg gogleddol wrth dynnu ar ei gilydd.

'Sneb i weld yn trial cadw trefen ar y cryts hyn!' cwynodd Aerona wrth ei mam.

'Ma'n neis cl'wed nhw'n whilan Cwmrâg,' atebodd Mrs Davies.

'Falle, er taw Gogs y'n nhw,' addefodd Aerona.

'Cofia 'mod i'n Gog o waed coch cyfa!' cellweiriodd Elwyn cyn esbonio 'Mrs Newman's antipathy towards Northerners' wrth Kathryn, David ac Andrew.

'Does that include us?' holodd Andrew.

'No,' meddai Aerona. 'Only North Walians. Like this mob and your dad!'

'You Edinburgh people were the first North Walians!' haerodd Elwyn megis rhagair i ddarlith fer ar yr Hen Ogledd.

Mwynhaodd pawb a ddaeth i'r Pinwydd y pnawn Sadwrn hwnnw barti pen-blwydd hyfryd Heulwen Lloyd-Williams, a neb, ac eithrio'r 'gwrthrych' ei hun, yn fwy nag Elwyn.

Bu'n hel atgofion gyda'i gefnder, Gerwyn, a pherthnasau eraill o'r un genhedlaeth, yn sgwrsio gyda rhai hŷn na welsai ers degawdau, yn dod i adnabod plant ei frawd a'i chwaer ac yn cyfarfod aelodau o'r teulu estynedig roedd wedi anghofio am eu bodolaeth. Ymdrochodd am dridiau mewn serchogrwydd teuluol a Chymreictod twymgalon.

I goroni'r cwbl, cynigiodd ei dad swydd iddo: Goruchwyliwr Diogelwch Cyfryngau Cyfathrebu ELW a'i gwmnïau eraill. 'Mi gei di ddechra pryd bynnag siwtith chdi, 'ngwas i.'

Ffarwelio

EDWINODD EWFFORIA ELWYN y bore Llun canlynol fel y teithiai ar hyd yr M4 tua Llundain i gyfarfod yr un pedwarawd o uwch-swyddogion ag o'r blaen ond mewn gwesty yn Kensington y tro hwn.

Teimlai, fel y gwnâi ar drothwy ei *deployments* yn y Costa del Sol a Gwlad y Basg, ei fod yn camu i blith dynion pwerus a'i difodai pe gwyddent mai gelyn ydoedd ac nid cyfaill.

Ni thramgwyddodd y pedwarawd mewn unrhyw fodd. Cytunasant fod Operation Fly-by-night yn farw-anedig ac mai gorau po gyntaf y gadawai'r cuddwas ogledd Cymru mewn modd na fyddai'n codi amheuon.

Ymddiriedwyd un dasg olaf iddo: llunio, ar ran NPOIU, ddatganiad dwyieithog i'r wasg a'r cyfryngau ynglŷn â gweithgareddau DS Joanne Stanley yng ngogledd Cymru:

Ni all dim fod ymhellach o'r gwir na honiadau rhai unigolion, mudiadau a phleidiau gwleidyddol fod presenoldeb DS Stanley wedi bod yn fygythiad i hawl pobol gogledd Cymru i wrthdystio a phrotestio ac i'n trefn ddemocrataidd.

Nid oedd gweithgareddau DS Stanley yn 'sinistr nac yn anghyfreithlon' fel yr honnodd rhai y mae eu daliadau eithafol yn hysbys yn y gymuned leol. Nid tanseilio mudiadau cyfreithlon a democrataidd sy'n ymboeni ynglŷn â'r amgylchedd a phroblemau cymdeithasol eraill yw swyddogaeth heddweision proffesiynol a chydwybodol fel Ms Stanley ond diogelu a gwarchod y cyhoedd, gan gynnwys y mudiadau hynny, rhag ymyrraeth eithafwyr sy'n ceisio gwyrdroi amcanion ac ymgyrchoedd anrhydeddus mewn

161

modd a fyddai'n niweidio ein cymdeithas ac yn lleihau diogelwch ein gwlad a'i dinasyddion.

Mae gan NPOIU dystiolaeth bendant fod gweriniaethwyr anghymodlon sydd am danseilio'r broses heddwch yng Ngogledd Iwerddon a darpar derfysgwyr Islamaidd o Ewrop, gogledd Affrica a'r Dwyrain Canol yn croesi'n rheolaidd o'r Weriniaeth i Gaergybi...

Derbyniwyd ei ymddiswyddiad gyda siom a diolchgarwch diffuant. Cydsyniodd yntau, heb fwriadu cadw'r addewid, i gydweithio â'r Gwasanaeth fel ymgynghorydd, mentor a darlithydd achlysurol.

Gofynnwyd i'r cyn-Arolygydd aros yn Llundain am ychydig ddyddiau ar gyfer cyfres o *debriefings* a chyfarfodydd i drafod telerau ei ymddeoliad gyda phobol HR. Mynychodd sawl cinio a chyfeddach ffarwél.

Yn ystod ei absenoldebau blaenorol arferai ef ac Annes gyfathrebu'n feunyddiol trwy gyfrwng eu ffonau symudol ond ar ei ail ddiwrnod yn Llundain anfonodd hi decst ato i ddweud ei bod

```
am dreulio ychydig ddyddia ar Ynys Enlli efo
genod o'r gwaith… penderfyniad byrfyfyr, gwallgo!
Chawn ni ddim mynd â'n ffonau bach hefo ni. Mi
gysyllta i gyntad ag y do i adra XXX  A.
```

Roedd yn hwyr glas ganddo adael y Glas a Llundain erbyn i Cemlyn decstio neges ato yn holi:

```
Fedri di alw acw yn y dyfodol agos i drafod
newidiada yn rhaglen y Crwydriaid?
```

Ymddiheurodd yn llaes i'w gyn-gymrodyr am orfod colli dwy gyfeddach a dwy wledd 'am resymau personol a theuluol' ac addawodd i'w gymrodyr newydd y byddai yn Silyn am wyth o'r gloch yr hwyr dridiau'n ddiweddarach.

Cyfarfod Olaf y Crwydriaid

SYLWODD AR ASTRA gwyn yn y gilfan ar gwr Bryn-y-grug a bu'r gân adnabyddus ar ei wefusau wrth iddo yrru drwy'r pentref ac i lawr y rhodfa darmac a gysylltai Silyn â'r lôn bost.

Roedd mewn hwyliau rhagorol. Hwn oedd diwrnod cyntaf ei fywyd fel dyn rhydd, gonest, unplyg a chariadus.

Os llwyddai i chwarae ei gardiau'n iawn.

Gwelodd yng ngolau'r lamp drydan ar bortico drws ffrynt y tŷ fod carafán fawr Cemlyn ac Eirlys, ei Golf hi, Land Rover Cemlyn a Cortina coch Emyr wedi eu parcio ar y llain darmac wrth y talcen. Gadawodd ei gar ar waelod y rhodfa, rhwng dau lwyn rhododendron.

Eirlys ddaeth at y drws. 'Tyd i mewn, Alun,' meddai'n swta, gan ymateb yn yr un cywair i'w 'Shwt mae'i heno, Eirlys?'

'Iawn, diolch. Yn y stafall fyw ydan ni. Cer drwadd.'

Dilynodd Eirlys ef i'r stafell honno, lle y disgwyliai Cemlyn, Emyr ac Annes amdano; Cemlyn ar ei gadair freichiau fawr, benteuluol a'r ddau arall ar y soffa frethyn Cymreig streipiog, goch a du a wynebai'r aelwyd.

'Annes!' ebychodd Alun. 'Feddylies i bod ti ar Ynys Enlli!'

'Newydd ddŵad yn f'ôl,' meddai hithau.

'Ti'n disgwl yn welw ofnadw. O'dd y môr yn rwff?'

'Oedd,' meddai Annes, heb unrhyw arwydd ei bod yn falch o'i weld.

Nid oedd neb fel petai'n falch o'i weld. Mwmial aneglur a enynnodd ei 'Shw ma'i, bois?' gan Emyr a Cemlyn wrth iddo eistedd ar y gadair a ddarparwyd ar ei gyfer.

'Gymri di banad? Te neu goffi?' gofynnodd Eirlys.

'Te, os gweli di'n dda,' meddai Alun ac aeth hithau am y gegin.

Cododd Emyr gan ddweud ei fod 'yn mynd allan am smôc cyn i'r cwarfod ddechra'.

'Dau funud a dim mwy, Ems!' gorchmynnodd Cemlyn wrth i'r mecanic adael y stafell.

'Beth yn gwmws sydd ar yr agenda, Cem?' gofynnodd Alun. 'Pa newidiadau yn y rhaglen byddwn ni'n drafod?'

'Geith Eirlys ddeud wrthat ti pan ddaw hi'n ôl,' meddai Cemlyn, gan ychwanegu wedi saib: 'Mi wyt ti wedi bod o'ma am sbel, Alun. Deud wrthan ni be wyt ti wedi bod yn neud yn ddiweddar.'

'Treulies i lawer o'r amser yn dysgu orienteering i gryts o Glasgow,' meddai Alun, a mynd yn ei flaen i ddisgrifio ei ymweliad diweddaraf â'r Alban.

Pan ddychwelodd Eirlys gyda mygaid o de iddo ac eistedd ar y soffa wrth ymyl Annes, sylwodd Alun iddi gydio yn llaw Annes a'i gwasgu'n dynn.

Oedd Annes wedi dod o hyd i rywun arall? Rhywun y bu hi gydag ef ar Enlli? Oedd y lleill wedi dod yma i fod yn gefn iddi pan gyhoeddai wrth Alun fod eu perthynas ar ben?

Yn y cyfamser, safai Emyr ar y rhodfa yn syllu tua'r ffordd fawr wrth rowlio sigarét. Pan arhosodd Astra gwyn ger pen arall y lôn goed, dododd y sigarét yn ei dun baco heb ei thanio. Dychwelodd i'r tŷ ac i'r stafell fyw, lle y traethai Alun am helyntion ac anawsterau wythnos gythryblus yn y Sir Walter Scott Outdoor Pursuits Centre.

'Reit. Ma'n well inni ddechra,' meddai Cemlyn pan ddychwelodd Emyr ac ymollwng i feddalrwydd y soffa. 'Eirlys…?'

Cododd Eirlys blygell binc oddi ar y bwrdd coffi o'i blaen ac meddai: 'Y penwsnos cyn y penwsnos dwytha, fel y gŵyr rhei ohonach chi, mi es i i lawr i Gaerdydd hefo llond bỳs o rafins Blwyddyn 7 ac 8. Mi arhoson ni yn y Bae, yng Nghanolfan yr Urdd, ac mi gafon fynd o gwmpas y Senedd, Canolfan y Mileniwm, y Stadiwm… A Sain Ffagan, Alun.'

Rhagwelodd Elwyn yr hyn oedd i ddilyn a melltithiodd ei hun am beidio â chadw at ei fwriad gwreiddiol trwy fynd â Kathryn a'r bechgyn am dro ar hyd traethau a chlogwyni arfordirol y Fro.

'Fuost ti yno rioed, Alun?' gofynnodd Eirlys.

'Yn Sain Ffagan ti'n feddwl?' atebodd yn ddigyffro.

'Ia.'

'Un waith, Eirlys. Slawer dydd. Pan o'n i'n grwt. 'Da'r ysgol es inne.'

'Toeddat ti ddim yno wsnos i ddydd Sadwrn dwytha?' gofynnodd Eirlys.

'Ieffach, nag o'n!' chwarddodd Alun. 'O'n i yn y Scottish Border Country. Pam ti'n gofyn?'

'Y rheswm dwi'n gofyn,' meddai Eirlys, 'ydi 'mod i'n meddwl 'mod i wedi dy weld di – neu rywun tebyg iawn i chdi – yn Sain Ffagan y dydd Sadwrn hwnnw. Mi fu ond y dim imi fynd at y boi, pwy bynnag oedd o, a deud helo, ond ar y pryd mi o'n i a 'nghyd-athrawon yn gneud 'yn gora i gadw trefn ar hannar cant o anwariaid. Ac mi oedd arna i ofn gneud ffŵl o'n hun. Beth bynnag, gan fod y boi 'ma mor hynod debyg i chdi, mi ofynnis i dri o'r hogia mwya powld dynnu llunia ohono fo a'r bobol oedd hefo fo hefo'u ffona symudol.'

Tynnodd Eirlys ffotograffau o'r blygell a'u gosod o flaen Alun ar y bwrdd. 'Dyma dri o'r rhei gora,' meddai. 'Un o'r boi ar ei ben ei hun, un ohono fo hefo dynas a dau hogyn – ei wraig o, feddylis i, a'u meibion – a'r trydydd ohonyn nhw ill pedwar hefo dwy ddynas arall, hen wraig ac un iau.'

Craffodd Eirlys, Emyr, Cemlyn ac Annes ar wyneb Alun wrth iddo astudio'r lluniau.

'Jawch! Ni yn debyg, rhaid cyfadde!' chwarddodd Alun. 'Ond bo fe'n gwisgo'n fwy teidi na fi!' ychwanegodd gydag edrychiad dilornus ar ei siaced ledr dreuliedig, ei grys-t du, ei jîns di-raen a'i Doc Martens. 'Ma tylwth 'da fi yn y De, wrth gwrs, ac ma'n bosib taw un ohonyn nhw yw'r bachan druan!'

'Wel, nid Alun Griffiths ydi o, beth bynnag,' meddai Eirlys gan gymryd y lluniau oddi ar y bwrdd a'u dodi'n ôl yn y blygell. 'Welis i'r ddwy ddynas, Mrs Davies a'i merch, Ms Newman, yn y caffi wrth y fynedfa ac mi fues mor hy â gofyn iddyn nhw ai Alun Griffiths, hen ffrind imi nad oeddwn i wedi'i weld ers talwm iawn, oedd y gŵr bonheddig y gwelis i nhw'n sgwrsio hefo fo o flaen Siop Gwalia.

'"Nage" oedd atab yr hen wraig. Elwyn Lloyd-Williams o Radur oedd o. Mab i deulu parchus ac "uchel swyddog yn y Metropolitan Police yn Llundain". A'i gyn-wraig a'u meibion nhw oedd hefo fo.'

'Sa i'n gwbod beth i weud,' meddai Alun. 'Ma'r ffaith bod 'da fi doppelgänger yn y Met yn embarrassing ofnadw!'

'Inni i gyd,' meddai Cemlyn, 'a ninna mor paranoid ar ôl dallt fel y twyllwyd ni gin "Maggie Alexander".'

'Wrth gwrs,' meddai Alun. 'Yr unig beth alla i weud yw taw Alun Griffiths odw i a bod 'da fi basbort, birth certificate a llond drâr o sytifficets eraill i brofi 'ny!'

'Dwi'n siŵr bod gin ti,' meddai Cemlyn, cyn mynd yn ei flaen: 'Mi gyrhaeddodd Eirlys adra wedi cynhyrfu'n lân ac mi alwon ni gwarfod brys o'r Pwyllgor, yma, ar y nos Lun. Ddychrynodd pawb pan glywon nhw be oedd gynni hi i ddeud. A'th paranoia'n rhemp. Mi gymrodd 'rhen Huw P ato'n ofnadwy wrth feddwl y gallat ti fod yn sbei, a chitha'n gymaint o lawia. Mae o yn ward seiciatryddol Ysbyty Gwynedd ar hyn o bryd.'

'Ma'n flin ofnadw 'da fi glywed 'ny,' meddai Alun. 'Yn enwedig gan taw fi sy'n gyfrifol, yn anuniongyrchol.'

'Pa mor "anuniongyrchol"?' sbeitiodd Emyr.

Gwgodd Cemlyn ar Emyr ac aeth rhagddo: 'Mi fuom yn cecru ac yn ffraeo ymysg 'yn gilydd ynglŷn â sut i ddelio hefo'r sefyllfa. Wydden ni ddim am neb fydda wedi dy nabod di cyn ichdi ddŵad yma, na neb o dy deulu di. Doedd gin 'run ohonan ni glem sut medren ni brofi'r naill ffor neu'r llall pwy oeddat ti nes cynigiodd Dic gysylltu hefo'i ffrindia yng Ngwlad y Basg i weld os oeddat ti'n deud y gwir am dy anturiaetha yno neu'n palu clwydda. Fuon ni'n sgwrsio ar Skype hefo cyfryngis Basgaidd am awr a hannar heb fod ddim callach nes awgrymodd Emyr bod dau neu dri ohonan ni'n mynd draw i Euskadi os medra ffrindia Dic drefnu inni gwarfod rhei o dy hen gymrodyr di.'

'Gynigis i fynd, gan ma'n syniad i oedd o, ond ddim ar ben 'yn hun,' meddai Emyr. 'Ddeudodd Annes basa hi'n dŵad hefo fi.'

Edrychodd Annes i fyw llygaid Alun wrth ddweud: 'Mi wyddwn i nad sbei monat ti, Alun. Mi oedd arna i isio profi hynny i mi'n hun ac i bawb arall…'

'Diolch iti, Annes,' meddai Alun.

'Fûm i ddim ar gyfyl Ynys Enlli, wrth gwrs,' ychwanegodd Annes gyda gwên amwys.

'Fynnis i bod Cemlyn yn mynd, yn rhinwedd ei swydd fel cadeirydd y Crwydriaid,' meddai Eirlys gyda chiledrychiad beirniadol i gyfeiriad ei gŵr.

Anwybyddodd Cemlyn y coegni a mynd yn ei flaen: 'Y tri gwarfon ni, mewn hen dŷ ffarm rhwng Bilbao a Donostia, oedd Iñaki, brawd Mariasun, yr hogan fus di'n ganlyn, a Benet ac Eguskine, oedd wedi bod yn flaenllaw hefo ETA.'

'Tri boi da iawn,' cymeradwyodd Alun.

'Oedd gynnyn nhw a phawb arall gwarfon ni air da i chditha, Alun,' meddai Annes.

'Mi oedd gin bobol amheuon, wrth reswm, ynglŷn â dyn diarth sy'n cyrra'dd o nunlla a thân yn ei fol drosd yr achos,' meddai Cemlyn, 'ac mi glywon ni sut y tsieciodd ETA dy stori di'n drylwyr iawn cyn ymddiriad jobsys pwysig a pheryglus ichdi. Aethon nhw mor bell â dŵad o hyd i dy dystysgrif geni di yn rhwla'n Llundan. Ond mi oedd 'na ddirgelwch ynglŷn â swm mawr o bres a'th ar goll yn Ecuador a drwgdybiath am fod cymaint o betha wedi mynd o chwith reit fuan ar ôl ichdi madal.'

Oedodd Cemlyn a syllu i fyw llygaid Alun cyn ychwanegu: 'Petha fel llofruddiaeth Mariasun a dau o'i chymrodyr.'

Caeodd Alun ei lygaid a thynhaodd ei wefusau fel yr âi Cemlyn yn ei flaen:

'Ond heb fwy o sail na'r amheuon a'r paranoia ma rhyfal chwyldroadol yn bownd o'u hennyn.'

'Aethon nhw â ni i Donostia,' meddai Annes, 'i weld y Dragón Tinto'.

'Shwt o'dd yr hen le'n disgwl?' gofynnodd Alun gyda gwên gynnil, atgofus.

'Neis iawn. Wedi'i ail-neud reit debyg i fel oedd o pan oeddat ti yno, meddan nhw,' atebodd Annes. 'Heblaw am y thema Gymreig, wrth reswm.'

'Ac yn ffynnu?'

'Allwn i feddwl,' meddai Cemlyn, gan amneidio ar Annes, a gododd y blygell binc oddi ar y bwrdd a thynnu amlen frown A4 ohoni.

'Mi ofynnodd Iñaki inni roid hon ichdi,' meddai Annes.

'Do fe?' meddai Alun. 'Wedodd e beth sy ynddi?'

'Papura'n ymwneud â'r bar, rhan fwya,' eglurodd Annes. Ddath y bildars o hyd iddyn nhw wrth glirio'r llanast ofnadwy oedd yn y Dragón Tinto ar ôl y bomio. Mi fasa Iñaki wedi'u gyrru nhw atat ti tasa dy gyfeiriad di gynno fo.'

'Dim colled,' meddai Alun gyda gwên. 'Bilie y'n nhw, siŵr o fod.'

'Ma 'na fwy na bilia yna!' sgyrnygodd Emyr.

'Pasborts,' esboniodd Annes gan dynnu pedwar llyfryn bychan browngoch o'r amlen. Agorodd hwy fesul un gan ddarllen enwau eu perchnogion: 'Alan James Groves... Martin John Elroy Vincent... Elfed Henry Parry ac...'

Agorodd Annes y pasbort olaf a syllu'n hir ar lun ac enw'r deiliad:

'... William Elwyn ab Iorwerth Lloyd-Williams.'

Trosglwyddodd Annes y pasbort i Eirlys, a'i pasiodd i'r gŵr a adwaenent fel Alun Griffiths. Cododd hwnnw'r llyfryn, agorodd ef a syllodd yn hurt ar y llun.

Dechreuodd ei amryfal bersonoliaethau, celwyddau, anwireddau, ofnau a hunllefau drybowndio yn erbyn ei gilydd gan chwalu ei gynlluniau, ei ddyheadau, ei obeithion a'i ddyfodol gydag Annes Gwynn.

'Pwy wyt ti?' gofynnodd Cemlyn.

Ceisiodd y cuddwas ateb, ond ni allai. Ni wyddai. Ymdrechodd yn llew i gofio, a methu. Cwympodd i wagle tywyll, di-hunaniaeth. Llifodd gwayw dirdynnol o'i gorun i wadnau ei draed ac i fyny'n ôl gan arteithio ei gorff a'i aelodau. Llithrodd y pasbort o'i law wrth iddo syrthio i bwll du, diwaelod a llewygu.

Ailadroddodd Cemlyn y cwestiwn: 'Pwy wyt ti? Deud wrthan ni!'

'Dydi o ddim yn dy glwad di,' meddai Eirlys. 'Mae o wedi ca'l ffatan.'

'Stynt ydi hyn,' meddai Emyr gan godi ar ei draed. 'Ffegio ma'r bastad! Ro i sgwd iddo fo...'

'Na nei, Ems,' gorchmynnodd Cemlyn.

'Ma hwn yn ddyn peryglus iawn,' rhybuddiodd Annes. 'Alla fo dy ladd di, Ems. Dwi wedi'i weld o'n cwffio. Ddylsa hynny fod wedi bod yn gliw imi. Fedra i weld cymaint ohonyn nhw rŵan.'

'Sgin i'm ofn y sglyfath,' tyngodd Emyr, yn gyndyn i ufuddhau.

Syllodd y pedwar ar y cuddwas diymadferth fel petaent yn alarwyr mewn gwylnos. Yn y man, gwamalodd Cemlyn yn nerfus: 'Be nawn ni? Ffonio am ambiwlans i fynd â fo i Ysbyty Gwynedd?'

'Wyt ti'n gall?' ffromodd Emyr. 'Fasan ni byth yn ei weld o wedyn!'

'Toeddwn i ddim o ddifri, Ems,' eglurodd Cemlyn yn nawddoglyd.

'Rhoswn ni nes bydd o'n barod i siarad hefo ni,' meddai Annes yn dawel, ac aros a wnaethant am oddeutu chwarter awr nes i'r cuddwas diymadferth ddadebru.

Agorodd ei lygaid, syllodd i wyneb pob un o'r pedwar yn ei dro cyn codi'n drwsgwl i eistedd ar ei gadair. Trodd at Cemlyn a'i annerch yn ffurfiol fel petai'n garcharor rhyfel yn ildio i un o swyddogion y llu a'i trechodd:

'Elwyn Lloyd-Williams ydi fy enw i. Mi ges i fy ngeni a fy magu yng Nghaerdydd. Tan yn ddiweddar, pan 'nes i ymddeol, roeddwn i'n dditectif. Anfonwyd fi gan yr NPOIU, y National Public Order Intelligence Unit, un o asiantaethau heddlu cudd y wlad yma, i'r ardal yma i gadw golwg arnoch chi, y Crwydriaid Coch a Gwyrdd, ac activists eraill ac i anfon adroddiade arnoch chi at fy rheolwyr.'

''Run fath â Maggie Alexander?' meddai Emyr yn sarrug.

'Ddim yn hollol 'run fath,' atebodd y cyn-dditectif. 'Wnes i erioed anfon adroddiad fyddai'n niweidio'r achosion rydech chi'n eu cefnogi na'r un ohonoch chi'n bersonol.'

'Medda chdi!' meddai Cemlyn.

'Naddo, Cemlyn,' atebodd y cyn-guddwas, cyn troi i annerch

ei bedwar cyhuddwr: 'Credwch neu beidio, dydw i ddim yn blismon rŵan, a phan oeddwn i, mi oedd 'na wahanieth sylfaenol rhyngdda i a Detective Sergeant Joanne Stanley, aka Maggie Alexander. Mi oedd hi'n agent provocateur oedd wedi bwriadu cymell y Crwydriaid Coch a Gwyrdd i brotestio mewn modd fyddai'n galluogi'r awdurdodau i'ch cyhuddo chi o gynllwynio i gyflawni troseddau difrifol ac i'ch anfon i garchar am gyfnod maith. Rhoddes i stop ar hynny.'

'Chwara teg ichdi, 'rhen goes!' meddai Eirlys. 'Alwyn, Elwyn, beth bynnag ydi d'enw di! Y peth nesa glywn ni ydi bo chdi wedi gadal yr heddlu cudd am 'yn bod ni wedi dy droi di'n sosialydd ac yn genedlaetholwr.'

'Doeddwn i ddim am ddweud hynny, Eirlys, am y gwyddwn i na fyddech chi'n fy nghredu i,' meddai'r cyn-dditectif. 'Ond dyna'r gwir.'

'Wyt ti'n gobeithio maddeuwn ni ichdi am dy fod ti wedi ca'l tröedigaeth?' gofynnodd Annes.

'Roeddwn i wedi gobeithio y cawn i gyffesu'r cwbwl ichi yn ddigymell,' cyfaddefodd y cyn-guddwas. 'A gadael i chi benderfynu a gawn i barhau'n ffrind ichi ac yn aelod o'r Crwydriaid.'

'Hôps mul!' gwawdiodd Emyr.

'Wyt ti am fynd i Wlad y Basg i gyffesu wrth dy ffrindia yn fan'no be fuost ti'n neud tra buost ti yno?' gofynnodd Cemlyn. 'Fuost ti ddim mor ffeind wrth genedlaetholwyr Euskadi ag rwyt ti'n honni ichdi fod hefo ni, naddo?'

Petrusodd y cyn-guddwas cyn ateb:

'Es i yno fel rhan o'r "rhyfel yn erbyn terfysgaeth", Cemlyn. Roeddwn i'n credu'n gydwybodol, ar y pryd, fod y rhyfel hwnnw'n un cyfiawn. Dydw i ddim yn credu hynny nawr. Mae fy syniade i wedi newid, diolch i'r Basgiaid ac i chi.'

'Pan sonion ni gynta wrth y cyfeillion fod gynnon ni le i feddwl dy fod ti'n blisman ac yn sbei,' meddai Cemlyn, 'mi ddeudon eu bod nhwtha wedi ama, er nad oedd gynnyn nhw brawf. Ma gynnon ni brawf rŵan ac ma nhw'n dy gyhuddo di o fod yn gyfrifol am farwolaetha o leia chwech o genedlaetholwyr.'

'Gan gynnwys Mariasun, dy gariad di ar y pryd,' meddai Annes, a'i hwyneb fel maen.

Cynhyrfodd y cyn-guddwas. 'Doeddwn i ddim yn gyfrifol am farwolaeth Mariasun na'r un o'r lleill!' taerodd. 'Roedden nhw wedi'u targedu'n barod. Doedd dim gallwn i neud.'

'Heblaw eu rhybuddio nhw,' meddai Annes.

'Mi wydden eu bod nhw wedi'u targedu, Annes.'

Caeodd y cyn-guddwas ei lygaid fel yr aeth Annes rhagddi: 'Roeddat ti'n meddwl fod Mariasun yn derfysgwraig ac yn haeddu'r gosb eitha. Mi gymrist arnat dy fod ti'n ei charu hi er mwyn ei bradychu hi a'i ffrindia. Mi adewist ti i heddlu cudd ffasgaidd Sbaen ei llofruddio hi. Fel basat ti wedi gadal i heddlu cudd Lloegar 'yn lladd i tasa dy feistri di'n gofyn!'

'Na, na!' llefodd y cyn-dditectif. 'Byth! Roedd y sefyllfa'n hollol wahanol! Rydw i'n berson hollol wahanol nawr!'

'Mi dwyllist yr hogan fel y twyllist ti fi. Mi wirionon ni'n dwy arnat ti. Ond pwy neu be oeddan ni'n garu? Rhith. Ffantom. Dyn nad oedd o'n bod go-iawn. Mi gymrist arnat garu Mariasun a fi er mwyn 'yn defnyddio ni. Ac i feddwl 'mod i am inni brodi a cha'l plant! Ych-a-fi! Cheris i rioed neb fel y ceris i chdi. Rŵan dwi'n dy gasáu di. Rwyt ti wedi 'nysgu i i gasáu a faddeua i byth ichdi am hynny. Nac am iti 'nhreisio i.'

'Dyw hynny ddim yn wir, Annes!' mynnodd Elwyn Lloyd-Williams. 'Beth bynnag arall ydw i...'

Torrodd hithau ar ei draws: 'Wrth gwrs bo chdi wedi 'nhreisio i. Be ond trais ydi ca'l cyfathrach rywiol hefo dynas dan ffugenw a ffug gymeriad, a ffugio cariad?'

'Nage ffugio oe'n i, Annes!' llefodd Alun Griffiths. 'Rwy'n dy garu di! Sa i ariôd wedi caru neb fel fi'n caru ti!'

'Os buo 'na "false pretences" erioed!' melltiodd Annes. 'Pwy oedd yr "Alun Griffiths" fu'n gywely imi am bron i ddwy flynedd? Creadigaeth dychymyg llygredig y plisman Detective Inspector Elwyn Lloyd-Williams. Sglyfath fyddwn i ddim yn iselhau'n hun i ysgwyd ei law o pe gwyddwn i be oedd o! Am wastraff o ddwy flynedd o 'mywyd i ac o 'nheimlada i! Gwaeth na gwastraff. Dwy flynedd o ga'l fy nhwyllo, fy nefnyddio a 'nhreisio gan aelod o heddlu cudd Lloegr!'

Syllodd Annes yn ddidostur ar y dagrau'n llifo i lawr gruddiau'r cyn-dditectif. Llwyddodd hwnnw, yn y man, i reoli ei leferydd:

'Rhaid imi bledio'n euog, Annes. Dydw i ddim yn disgwyl iti faddau imi ond rydw i am iti wybod 'mod i wedi newid ac mai ti a'r cyfeillion yma sy'n gyfrifol am hynny.'

Cododd Emyr ac meddai: 'Paid â gwrando ar y diawl, Annes. Wela i chdi yn y car.'

Aeth Emyr o'r tŷ â chlep nerthol i ddrws y ffrynt. Oedodd yn y portico i ddiffodd y golau uwchben y drws cyn mynd allan i'r tywyllwch a thanio'r sigarét y buasai'n dyheu amdani. Wrth gamu at ei gar sylwodd ar gyffro ger y llwyn rhododendron agosaf at Ford Focus y gŵr a adwaenid fel Alun Griffiths.

Bu tawelwch angladdol yn stafell fyw Silyn nes y cyhoeddodd y cyn-guddwas: 'Mi a' i nawr. Ma'n ddrwg gen i.'

Nid atebodd neb, ond pan gododd ar ei draed gwnaeth Annes yr un modd. Aeth ato a tharo cusan ar ei foch. 'Da bo chdi, Alun,' meddai a dychwelyd i'w sedd.

Aeth yntau o'r tŷ dan feichio wylo.

Dyna pam na sylwodd ar y pedwar gŵr cyhyrog a mygydau balaclafa duon dros eu hwynebau nes iddynt ei amgylchynu. Pastynodd dau ohonynt ei wyneb a'i gorun nes hollti ei benglog wrth i ddau arall osod gefynnau am ei arddyrnau y tu ôl i'w gefn.

Gwthiasant eu hysglyfaeth i sedd gefn y Focus, lle yr eisteddodd dau o'r ymosodwyr arno. Aeth y ddau arall i'r seddi blaen ac ymhen llai na munud cyraeddasant y lôn bost. Gadawodd y gŵr a eisteddai ar bwys y gyrrwr gar y carcharor ac aeth i'r Astra, ac ymhen dau funud arall roedd y ddau gerbyd wedi gadael Bryn-y-grug ac yn dringo'r lôn fynydd gul tua Chwarel Cefn Llwyd.

Roedd cloeon y giatiau mawr metel a warchodai'r twll chwarel wedi eu dryllio eisoes. Wrth i dri o'r ymosodwyr eu hagor led y pen, bloeddiai arweinydd y cyrch, y byrraf o'r pedwar, i wyneb y carcharor, a oedd yn lled ymwybodol erbyn hyn.

'Iñaki ydw i,' llefodd yn Sbaeneg ac yna mewn Basgeg, 'Dyma ddial am beth nest ti, y bradwr, i Mariasun a'r cymrodyr eraill!'

Gwthiwyd y car dros y dibyn i oerddwr y twll chwarel.

Cyrhaeddodd y pedwar dienyddiwr Gaergybi mewn pryd i ddal y llong hanner nos i Iwerddon, ac o fewn llai na phedair awr ar hugain roeddynt yn ôl yn Euskadi.

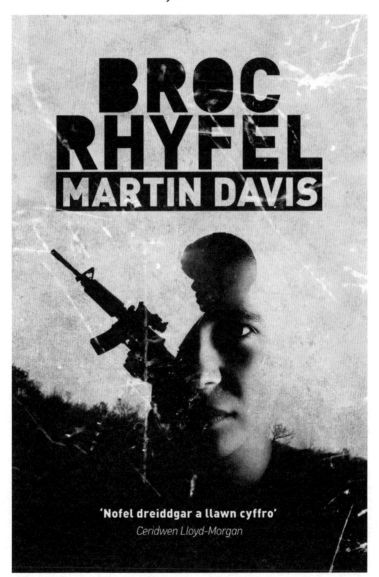

'Nofel dreiddgar a llawn cyffro'
Ceridwen Lloyd-Morgan

£8.95

Am restr gyflawn o lyfrau'r Lolfa, mynnwch
gopi am ddim o'n catalog
neu hwyliwch i mewn i'n gwefan

www.ylolfa.com

lle gallwch archebu llyfrau ar-lein.

TALYBONT CEREDIGION CYMRU SY24 5HE
ebost ylolfa@ylolfa.com
gwefan www.ylolfa.com
ffôn 01970 832 304
ffacs 832 782